봄, 당신이라는 선율

봄, 당신이라는 선율

초판 1쇄 인쇄 2025년 07월 18일
초판 1쇄 발행 2025년 08월 07일

신고번호	제313-2010-376호
등록번호	105-91-58839
지은이	김예린
발행처	보민출판사
발행인	김국환
기획	김선희
편집	현경보
디자인	다인디자인
주소	경기도 파주시 해올로 11, 우미린@ 상가 2동 109호
전화	070-8615-7449
사이트	www.bominbook.com
ISBN	979-11-6957-366-5 03810

- 가격은 뒤표지에 있으며, 파본은 구입하신 서점에서 교환해드립니다.
- 이 책은 저작권법에 의하여 보호를 받는 저작물이므로 무단 전재와 복사를 금합니다.

김예린 시인의 제2시집

봄, 당신이라는 선율

오선지에 올리지 못한 모호한 선율
벚꽃 편지지에 고딕체로 또박또박 채워갑니다

보민출판사

추천사

　김예린 시인의 두 번째 시집 『봄, 당신이라는 선율』은 사계의 깊이를 꿰뚫고 마음의 결을 정갈하게 다듬어, 찬란한 감정의 오선지 위에 노래를 얹는다. 이 시집은 단지 계절의 변화를 노래하는 데 머물지 않고, 우리가 외면하거나 지나쳐 버린 일상의 내밀한 풍경들 '봄날의 미소, 무심한 손길, 말 없는 헌신, 사라진 이름들'을 다시 불러내어 그 속에 깃든 사랑과 상처, 치유와 기다림을 섬세하게 조율한다.

　제1부 「봄, 당신이라는 선율」에서는 봄을 한 사람의 존재로 은유하며, 계절과 인간, 자연과 사랑의 감각적 교감을 그려낸다. '당신 따라 걷던 길/ 비단길은 아니었지만/ 그 길 위의 바람과/ 그림자마저 따스했지요'라는 시구처럼, 삶의 소박한 순간들이 그 자체로 존귀했음을 일깨운다. '꽃빛에 취해/ 아쉬움은 향기처럼 맴돌고'라는 표현은 김예린 시인 특유의 감각적 언어 감성이 드러나는 대목이다. 그녀는 꽃을 묘사하는 것을 넘어 꽃에 투영된 숨은 마음의 떨림과 잎

새의 체온까지도 시로 끌어안는다.

제2부 「벼 익는 시간」에서는 부모와 자식, 생과 죽음, 땅과 노동의 언어가 등장한다. 특히 '돌아보면, 거기'는 삶의 후반부에 비로소 깨닫게 되는 아버지의 사랑을, 추억을 회상하듯 따뜻하게 풀어낸다. '그건 아버지였다는 것을'이라는 깨달음은 너무도 담담하면서도 슬프게 울린다. '그 말을 벼 끝에 매달아/ 오늘도 묵묵히/ 고개 숙인다'는 결구는 시인이 언어로서 기도하고 있다는 것을 보여주는 진실한 시인의 마음이다.

제3부 「달의 내력」에서는 한층 깊어진 시인의 성찰이 담긴다. 상처와 상흔, 존재와 망각, 기억과 허무가 이 계절의 가을빛처럼 스며든다. '꽃불', '운명의 주머니'와 같은 작품은 비극적인 낙화와 내면의 허무를 동시에 안고 불타는 감정의 정점을 노래한다. 시인은 시월의 방식에 불을 지르듯, 익어가는 감정의 정점에서 더욱 뜨겁고도 조심스럽게 생의 흔적을 되새기고 있다.

제4부 「섬과 섬 사이」에서는 존재와 존재 사이의 거리, 말과 말 사이의 침묵, 고요히 감도는 감정들의 흐름을 섬세하게 그려낸다. '묵(黙)'은 어쩌면 이 시집 전체를 관통하는 정신일지도 모른다. 시는 말보다 더 깊은 말, 침묵을 건너와야만 얻을 수 있는 감정의 본질을 향해 나아간다. '침묵은 가장 아름다운 별들의 표정일지 모르죠'라는 시구는 시인의 시 철학을 한 문장에 압축한 명문이다. 또한 '꽃이 없는 가

시만 여의도 정원에 가득해요'라는 표현은 오늘의 사회와 언어, 사람 사이에 놓인 칼날 같은 냉소에 대한 시인의 섬세한 저항이기도 하다.

이 시집을 읽는다는 것은 결국, '당신'이라는 선율을 따라 마음의 사계절을 여행하는 일이다. 그 길은 반드시 슬프지만은 않다. 오히려 슬픔의 결을 제대로 껴안고, 그 언저리에서 다시 웃고 피어나는 일을 가능하게 한다. 시인은 말한다. "보이지 않는 고통이 가장 순한 향기를 만든다는 것을." 이 고요한 문장이야말로 김예린 시인의 시 세계 전체를 대변한다고 할 수 있다.

이 시집 『봄, 당신이라는 선율』은 말보다 마음이 먼저 닿기를 바라는 이들에게, 말보다 더 따뜻한 침묵의 언어로 다가온다. 지금 이 순간, 어떤 이름도 붙이지 못한 감정이 마음속을 지나가고 있다면, 이 시집이 당신에게 그 이름을 불러주는 노래가 되어줄 것이다.

2025년 7월
작가 **김선희**

축시

박덕은

먼먼 사랑과 청춘의 기억으로부터
용솟음치다 멈춘 자리
햇귀로 뻗어와 옴팍한 그늘이 되었다

친밀한 표정과 다정한 노래가 공명하는
저녁의 주머니에서 조근조근 담소들이
미소처럼 자라나 깊은 속엣말 주고받았다

정오의 신념은 늘 환하고 옳았기에
한낮엔 수없는 메아리
한 겹 한 겹 모아
응어리 다독여 감싸 주었고

해 질 녘 고즈넉이 잦아든 소통의 모퉁이 한켠에
은유와 당신과 나의 붉음이 꽃으로 피어나는
모닥불을 피워 놓았다

말 없이 손잡은 시어들의

눈물겨운 어울림
그 아래 서성이는 통곡들

캄캄한 적막의 체온 쓸쓸히 낮추며
밤 깊어 고요로 깊어지는 이해
거기 아늑한 품속에
축축이 젖어 든 고독 몇 송이

잠들기 전에 모로 세워놓고
어제와 그 전의 어제와 비의로 덧대어진
못다 한 하소연 퍼붓고 있다

상실과 그리움의 가장자리만 맴돌다가
다시는 보지 못할 그날의
순결한 만남을 잊지 않기 위해
소롯이 숨고르기에 잠긴다

하염없이 평안한 여백을 위해
꺾이지 않는 낭만의 길을 위해
가장 고요로운 시심 지키기 위해.

시인의 말

봄은
마음 가장 깊은 곳에서 시작됩니다
언 발끝처럼 고요한 기다림 끝
흙 속 울음 같은 떨림 하나
이름도 없이 피어오릅니다

그 떨림이
당신일지도 모른다는 생각
겨울을 건너와 내 안에 눕는

보이지 않아 더 짙은 것들
닿을 수 없어 더 선명한 것들

그 따뜻한 숨결 하나
당신의 봄에 오래 머물기를…

2025년 7월

시인 **김예린**

목차

추천사 … 4
축시 … 7
시인의 말 … 9

제1부. 봄, 당신이라는 선율

봄, 당신이라는 선율 … 16
라일락 피는 날에 … 19
봄 색시 … 20
적색 돌담이 있는 정원 … 21
알아요 … 22
아카시아 … 24
봄이 지는 오후 … 26
우수(봄눈 슬 듯) … 28
봄 … 30
춘산화(春山花) … 31
매화 사랑 … 32
벚꽃 … 33

낙화유수 … 34
단비 … 35
열무김치 … 36
이팝나무꽃 … 37
호수 봄날을 희롱하다 … 38
봄 마중 … 39

제2부. 벼 익는 시간

벼꽃이 보채면 … 42
여든여덟 번의 절 … 43
돌아보면, 거기 … 44
오늘의 마음 … 46
여울목에서 … 48
거울 속 장미 … 49
거기 아니, 거기에 … 50
렌즈와 피사체 … 52
외줄타기 … 53
1958 강의실 … 54
줄광대 … 56
어름사니 … 57
공작새의 구애(求愛) … 58
로또 … 60
징검다리 … 62
한 입의 사유 … 63
♪물들어 온다(민요풍 노래 가사) … 64

제3부. 달의 내력

달의 내력 … 68
바람이 건네준 편지 … 70
사랑 … 72
빛바랜 가을에는 … 73
서로의 무늬 … 74
구두가 넘어진다 … 76
다시 걷는 마음 … 77
단풍 든 무등산 … 78
꽃불 … 80
가을 구두 … 82
맨드라미 … 83
가을이 바쁘다 … 84
🎬 어둠에 잠겨 (1) … 86
🎬 어둠에 잠겨 (2) … 87
꽃 진 자리 … 88
구순의 어미 … 90
오래된 화분 … 92
영원한 이별 … 94
사랑은 아직 … 96

제4부. 섬과 섬 사이

섬과 섬 사이 … 98
묵(默) … 100
천년 영광의 아침 … 102
시 … 104
영광 새천년을 밝히어라 … 105

강은 내 동맥이다 … 108
운명의 주머니 … 110
오월의 장미 … 112
상흔 … 113
성 … 114
매듭 … 115
말 한마디 … 116
군상 … 118
우문현답 … 120
행복한 시간 … 121
감사하는 마음 … 122
그곳엔(하늘) … 124

평설 … 128

제1부

봄, 당신이라는 선율

고요한 숨결 사이
탱글한 그리움이 분홍처럼 물들어 흐른다

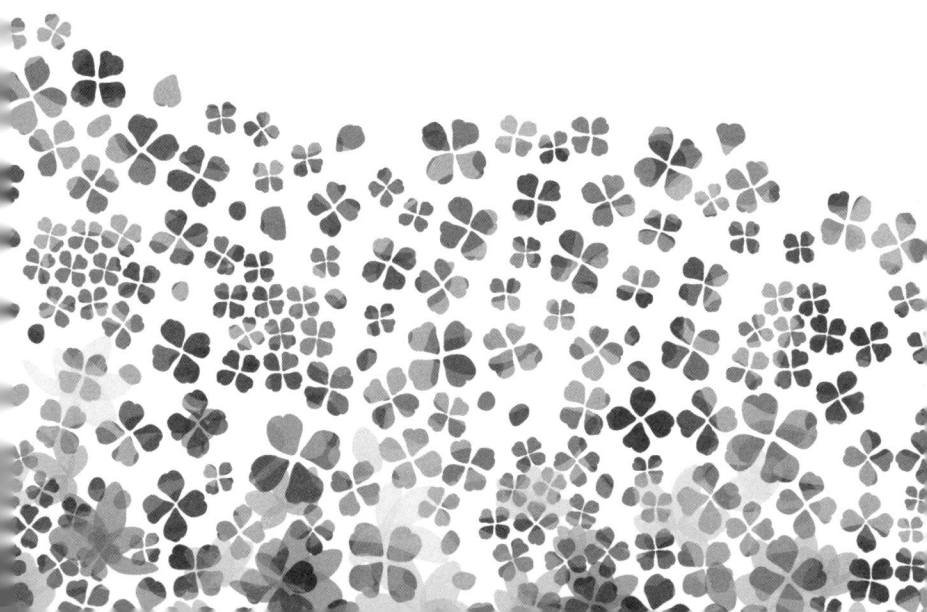

봄, 당신이라는 선율

이 봄
당신이 건네준 미소는
선물처럼 찬란하고 설레어
괜스레 눈물이 납니다

그리움도 아닌 것이
서러움도 아닌 것이

어느 결의 떨림으로
당신이 내 손을 처음 잡던 날
우리의 사랑이 시작되었지요

당신 따라 걷던 길
비단길은 아니었지만
그 길 위의 바람과
그림자마저 따스했지요

꽃 빛에 취해
아쉬움은 향기처럼 맴돌고
그 향은 슬픔보다 더 고운 미소로
내 마음을 적십니다

눈물처럼 맑아진 마음에
만개한 봄이
숨기지 못한 체온으로 다가오네요

그 내밀한 유혹에
흠씬 젖어 듭니다
보드라운 감촉은
첫 입맞춤처럼 아득하고
혀끝에서 달콤하게 투정을 부립니다

지나간 해에도 그 이전의 해에도
잊지 않고 찾아오는 당신은
나의 수호천사

이제 당신의 가지에 잎을 틔워
떠도는 마음을 쉬게 하고 싶어요
낯선 길 위의 연민을
당신 곁에 놓아두고 싶어요

곧 떠날 걸 알면서도
뽀얀 살빛 모아
또 한 겹의 나이테를 그립니다

오선지에 올리지 못한
모호한 선율
벚꽃 편지지에
고딕체로
또박또박 채워갑니다.

라일락 피는 날에

뜨락에 꽃물 들이며
화사하게 피어난 자존감
봄 담장 너머로
숫기 어린 눈빛 하나 조심스레 넘어오고

갸름한 목선 따라
은근히 피어오른 설렘
고요한 숨결 사이
탱글한 그리움이 분홍처럼 물들어 흐른다

붉은 와인 한 모금에
가슴 속 마른 틈 적시며
초조히 흐르는 시간 붙잡아 두는 떨림

라일락 향기 흩날리는 날
초록의 바람 따라
당신, 조용히 와주기를

향기로 오세요
소리 없이
그러나 진하게.

봄 색시

환한 웃음 머금고
찾아왔어요
살랑이는 치맛자락이
톡톡 창문을 두드리네요

볼에는 복숭아빛 미소
연둣빛 스카프 두르고
개나리 노란 귀고리 달았어요

핑크핑크
가지 끝마다
꽃잎이 소곤소곤 말을 건네요
연두연두
막 태어난 새싹들이
뾰족이 고개 세워 인사해요

어여뻐라
햇살 눈빛으로 속삭이는 봄
살며시, 살포시 안아주는
당신은 나의 첫 연인.

적색 돌담이 있는 정원

풍성한 화초와
초록의 행간 사이로
고풍스런 바람이 지나간다

이제 막 오월을 맞이하는
그녀의 뜨락에서
크고 작은 초록 뱀들이
발돋움하고

순결한 면사포를 쓴
하얀 장미
정열의 입맞춤으로 붉어진
빨간 장미
햇살 아래 조금씩 젖어간다

마뜩잖게 삐져나온 흰 머리카락
괜시리 가고 없는 사람 탓하며
맘에 없는 말 혼자서 중얼거린다

그녀의 등 뒤로
시간은 고요히 흐르고
그늘 진 마음 한켠엔
말리지 못한 그리움이 젖어 있다.

알아요

그 꽃 피우려
당신이 얼마나 깊은 어둠을
품에 안고 있었는지

나는 압니다
말없이 견딘 뿌리의 목마름을
침묵 속에서 끌어올린
한 줄기 물길
그것이 향기가 되기까지
얼마나 오래
마음의 골짜기를 지나왔는지

눈 감고 귀 막고
홀로 서서
당신의 계절을 견디며
작은 씨 하나 품고
밤의 중심까지 내려가
빛도 없이 싹을 틔우던 시간
반딧불처럼
깜빡이며 떠 있던 그 불면의 밤들

그 꽃잎 하나 피우기 위해

시 한 줄
문장 하나에 걸어 넣은 망설임을
굳이 말하지 않아도
압니다

보이지 않는 고통이
가장 순한 향기를 만든다는 것을

알아요
당신이 얼마나 조용히
아름다움을 피워내고 싶었는지를.

아카시아

애기버선처럼
오종종 피어난 발끝
작은 걸음이 계절의 문을 살며시 열면

오월은
그 문턱에 꽃잎 깔고
진한 향기로 울렁입니다

어디선가 본 듯한 마음이
구름의 뒤안길로 걸어 들어가
낡은 이름 하나를 꺼냅니다

엄마의 젖내음으로
첫사랑의 편지로
심장을 건드리는 건
낯선 방식으로 돌아오는 기억입니다

초록의 비릿한 내음
풋풋한 떨림은
시간의 포자를 품고
향기 속에서 슬며시 자라나

달콤한 꿀맛 하나
혀끝이 아니라
가슴 한구석에서
굳이 감춰온 그리움을 녹입니다

하얗게 뒤척이는
아카시아 앞에서
나는 문득
내가 아닌 나를 마주합니다.

봄이 지는 오후

지는 봄은
그녀의 어깨를 돌리고
꽃잎 몇 장 던지듯 흩어뜨린다

헝클어진 꽃잎 손에 모으며
어쩌지 못한 마음

주머니 속 눈물 한 알
만지작거리며
낮은 자리에서 속삭이는
풀꽃들의 이야기에 귀를 기울인다

티티새의 노래가 고운 해 질 녘
풀꽃 향기가
돌층계를 오르내리면
오래된 찻주전자에서
물이 끓어오르고

그녀는
사색의 벤치에 앉아
카모마일 차를 마신다

마치
지나간 계절처럼
아무 말 없이. 조용히

우수(봄눈 슬 듯)

마른 봄이
문설주에 기대어
닫힌 시간을 조용히 문지른다

꽃잠 자던 그녀
꿀물 떠와
보채는 꽃눈에 젖 물리는
우윳빛 첫 순정
그 향긋한 입술로
푸석한 봄을 적신다

아직은 바람조차
말 붙이길 머뭇대고
한기 어린 가지 끝마다
속울음 같은 진물이 맺힌
그녀는 말없이
하나둘 겨울을 풀어 헤친다

낡은 눈발 걷히고
얼음장 걷어낸 시냇물에
연둣빛 이름 하나 띄우면

햇살이 그 이름 부르며
숨죽였던 뿌리들이 일제히
새싹의 노래 밀어 올린다

봄은 그렇게
그대의 미소처럼
조금씩 따스해진다.

봄

겨울의 깊은 뿌리에서
천천히 빚어집니다
눈 녹은 자락 위로
봄의 인사를 받아 보세요

서러운 추위 끝에도
어김없이 찾아드는 생의 기척
땅속 어두운 숨결 틈에서
바람 끝에 실려 오는
여린 풀잎의 향

보이지 않아 더 짙은 봄 내음
버들개지 가지 끝
눈망울처럼 부푼 봉오리가
참을 수 없는 빛을 밀어 올립니다

아픈 만큼
더 곱게
피어나는 그대입니다.

춘산화(春山花)

온 힘 다해 우주 들어 올린 새순

보시시 봄빛 털며 꽃대 밀어 올리면

봄의 정기 모아 숫 정 터뜨리는

홀애비바람꽃 족두리꽃

흔들리는 숲에 바람의 밀애 시작되고

은밀히 다가오는 사랑꾼들

달콤한 꽃방에서 숲의 전설 만들어간다

녹음이 장막 내리기 전에 초연은 끝나고

살살이 여우비 씨방에 꽃씨 하나 던져주고

웃으면서 달아난다.

매화 사랑

시린 봄볕에
진분홍 삼회장 달고
향 그윽하게
초당에 흩날릴 때

꽃보다 예쁜 당신

사랑하고
또 사랑하고.

벚꽃

살바람 스며드는 시린 봄날에

연분홍 구름 꽃이 하늘 문 열었다

바람 난 처녀인가 봄날의 설렘이여

꽃인 듯 나비인 듯 봄바람에 취해

나붓나붓 꽃 숲으로 스며든다

화등(樺燈)으로 화등(花燈)으로 하늘 가득 밝힌 축복

이토록 황홀한 날 몇 번이나 맞으려나

살푼 사월의 신부 되어

봄날의 꽃길 걷고 또 걷는다

짧은 순간 오래오래 간직하고 싶어서.

낙화유수

스르르
잡았던 정 놓아버리고

물 따라
무정 천리 하냥 가야 하는 길

그 무슨 미련 남아
이강(以降)에 맴돌고 있나

휘모리장단에 춤추고 있나

가라 가라
꽃살에 휘어 돌아 멈추지 말고

파르르 떨리는 심장
가슴에 선연히 남은 이 사랑 어이하라고

한 소절 기쁨의 노래는
앙칼진 입맞춤에 혼연히 사라지고

저리도 새파란 청춘
속절없이 흘러 흘러서 간다.

단비

가슴으로 오라
사랑으로 오라

연둣빛 감도는 풋내나는 이야기 조곤조곤 안고서

산등성이 너머 산유화 기다리는 그 붉은 순정에

보드랍게 안겨라 거침없이 안겨라

한 방울의 연민도 철없는 하소연도 모두 새겨 두어라

오라
주저하지 말고

풀뿌리 억센 샛강
그 숨결 속으로.

열무김치

진달래 곱게 머무는 곳에
당신이 있습니다

토담에 봄볕이 살풋 내려앉고
봄바람에 귀밑머리 살랑거리면

풀 먹은 열무김치가
당신 손에서 익어 가지요

소반 위에 차려진
이밥에 봄나물 열무김치

봄날 툇마루에서 받은
당신의 밥상이 그립습니다

진달래 피고
열무김치 익어 가면

어머니 당신이 못내
보고 싶습니다.

이팝나무꽃

망월동 가는 길에
이팝나무꽃
지천으로 피었네

하얀 꽃 가득히
고봉(高捧)으로 담아
공양하는 마음
가신님께 드려야지

마저 드시지 못한 이밥
예 올리니
천천히 드시옵소서

향기로운 오월
함께 올리니
따스한 햇살
그곳까지 닿으리다.

호수 봄날을 희롱하다

물안개 푸르스름
산허리 감아 돌고

연분홍 꽃잎마다
호수에 젖어 든다

사랑이라 속삭이듯
일렁이는 잔물결

잠자는 바람 깨워
피어나는 꽃 무리

한 잎 한 잎 나비 되어
날아오르는

꽃나비 나풀나풀
춤추는 호수

봄빛 아릿한
세량지 라오.

봄 마중

그리움 엮은 조각배 띄워
그윽한 눈길로 그리 오세요

향긋한 마음 옷섶에 접어
고운 빛 안고 마중 가리다

어여쁜 이여 사랑하는 이여
못다 한 사랑 임 오실 제

꽃비에 머리 감고 화동 앞세워
도화(桃花)빛 입술 내어 주리다.

제2부

벼 익는 시간
(연작시)

그 말을 벼 끝에 매달아
오늘도 묵묵히 고개를 숙인다

벼꽃이 보채면

칠월이
잡고 있던 문고리 놓아주면
아버지는 그늘도 벗고
햇살 속으로 걸어오셨다

창틀에
고요히 머물던 빛처럼
늘 나를 향하던 눈빛은
말없이 등을 떠미는 바람이었고

매미 날개처럼
얇은 걱정조차 숨기고
묵묵히
땡볕을 삼키셨다

벼꽃이 하얗게 울면
아버지의 마음도 함께 익어 갔다
끝내 단 한 톨의 그늘도
내게 주지 않으려는 사랑으로.

여든여덟 번의 절

장맛비
연신 퍼붓는 여름
훌쩍 커버린 벼 사이로
낯익은 불청객이 들어앉는다

철없이 웃는 속삭임처럼
속잎 비집고 들어와
틈새마다 스며드는 걱정 하나

여든여덟 번 절을 해야
비로소 마음을 내어주는
자식이라는 긴 시

아버지는 오늘도
한 행, 한 행
묵묵히 베어 낸다.

돌아보면, 거기

등 뒤에서
내내 따가웠던 햇빛이 있었다
그게 여름인 줄만 알았다

이제야 안다
그건 아버지였다는 것을

논둑에 길게 누운 그림자 하나
늘 나보다 반 발짝 뒤에서
묵묵히 걷고 있었다

손톱 밑에 박힌 진흙 같은 말들
발끝 적시는 이슬방울처럼
쉽게 털리지 않던 말들

이제야 안다
그것이 사랑이었음을

입술 끝까지 차올랐다가
가라앉힌 말

그 말을 벼 끝에 매달아

오늘도 묵묵히
고개 숙인다.

오늘의 마음

아침을 여는 햇살은 물살을 오르는 연어의 비늘 같고

빛의 틀을 세우고 숨을 고르는 창문은

하루의 윤곽을 그리는 도화지 같다

순서를 정하고 여백도 잊지 않는 탁자 앞에서

어제의 페이지를 개울물 흘러가듯 도랑도랑 넘기면

오늘의 윤곽은 초롱한 아기 눈처럼 또렷하고

아직 오지 않은 불확실은 밀린 숙제처럼 옆으로 밀어둔다

커피 한 잔에 아침 낯빛이 바뀌고

하루의 흐름은 파란색으로 옷을 바꿔입는다

풀어진 마음 한 번 더 접어 비행기로 날려 보내고

출근을 서두르는 분과 초의 표정들

큰 오차 없이 반복되는 오늘의 패턴

저녁이면 달맞이꽃 한 송이 고개를 들고

붉은색으로 물든 나에게 묻는다

오늘을 저장할까요?

여울목에서

맨발을 훑는 노구에
거머리처럼 달라붙은 걱정
물컹한 흙 아래로
발끝을 밀어 넣으면
숨겨뒀던 마음 한 점
슬며시 기어오른다

얼어 묻힌 흙먼지보다
더 지우기 힘든 생각 하나
잡초처럼 눌러앉은 자리는
뽑히지 않으려 억세게 버틴다

속엣말처럼 뜨거운 고백이
총알처럼 튀어나올 때면
잔잔하던 속내도
여울목에서는
한순간 격해진다

흐르지 못해 웅얼대는
사랑의 모양으로.

거울 속 장미

생도라지 같은 표정
결 고운 도자기로 빚어보자
분꽃 화장수로 닦아내기 하자
마음을 닦자 마음을 닦자
뽀얀 우윳빛 바탕화면 깔고
돋움과 굴림으로 윤곽 살리자
시들어가던 꽃잎
환하게 발색하네
생기가 도네
이왕이면 입꼬리 살짝 들어 올려
모나리자의 미소 담아보자
눈꼬리도 살짝 올려 보자
날개의 무게 털어내자
양귀비 애교 같은 붉은 볼 텃치
나는 양귀비.

거기 아니, 거기에

꼭 이든
반드시 든
그럴 이유는 없었다

천이 창을 가리고
길은 스스로를 잃고
억수로 쏟아지는 망설임
헐겁게 풀린 신발 끈
묶어야 할 이유를
찾지 못한 채
비에 젖지 않는 언약이
젖은 물길 위로
한 걸음씩 접혀 간다

새로움을 여는 일은
언제나 조용하다

파상문처럼 물결치는 숨결 위에
기다림의 무늬가 그려지고
푸른 물방울은
율격을 따라 언어를 다듬어
서정의 물길을 부드럽게 편다

한 사람의 눈빛이
또 하나의 매듭이 되어
침묵 속에 묶이면
젖지 않을 것 같던 생각들마저
비에 젖는다

그리고
거기는 결국
거기였다.

렌즈와 피사체

흩어지고 모이는
사각의 풍경 안에 네가 들어온다
수정처럼 맑은 너에게 초점을 맞춘다
누구도 끼어들 수 없는 고요가 자리한다

손가락으로 너와 접촉한다
몇 번의 흔들림으로 너는
나에게 네 마음 읽히는 것을 거부한다

암호 같은 너의 마음 해독하지 못해
나뭇가지에서 흔들리는 너를
바람의 리듬에 온몸으로 노래하는 너를
온전히 품을 수 없다

첫 마음을 갈아
한 잔의 셔터로 너에게 건넨다
프림이 부드러운 고백처럼 섞이자
너는 내 마음을 홀짝이더니 미소를 짓는다

흔들림이 선명하게 전해 온다.

외줄타기

쿵닥 쿵다닥 북장단에 맞추어
얼쑤 얼씨구나 사뿐사뿐 춤사위
부챗살 촤르르 바람 한번 가르고
떨어질 듯 휘돌아서 휘이휘이
오이씨 버선발로 외줄 인생 간다.

1958 강의실

오랫동안 굳게 닫혀있던 문은
쉽사리 열리지 않아

고추냉이같이 톡 쏘는 강의에도
알 듯 모를 듯 쏟아지는 졸음

오뉴월 소낙비에 흙먼지 씻기듯이
방금 배운 것도 금방 잊어버리고

양파처럼 매운맛에 눈물 흘려가며
한 겹 한 겹 벗기는 아이티(IT) 속살

독수리 타법으로 공격하는 한글
도형과 숨바꼭질하는 파워포인트
함수의 함정에 허우적대는 엑셀

모니터 화면 속 도표들이
석류의 입술처럼 씨익 웃는다

여기저기서 선생님 부르는데
어디선가 목탁 치는 소리

스팸 신고된 전화입니다
와아 와그르르 강의실이 들썩인다

내가 죽으면 사리가
한 움큼은 나올 것이여

부처의 미소 뒤에
석공의 눈물이 보인다.

줄광대

외로운 줄 하나에 슬픔을 매듭지어
바람과 바람 사이 신명 따라 울고 웃고
살 곳도 묻힐 곳도 바로 이곳이라며
외로움 휘청거리면 북장단에 다잡네.

어름사니

고운 임 여린 마음 외줄에 걸어놓고
버선코 날 세워 신바람 노는구나
하늘길 바람길 훨훨 날아오르게
여보소 북장단 한번 신명나게 쳐주오.

공작새의 구애(求愛)

화르르
타오르는 사랑입니다
파르르
떨리는 마음입니다

햇살 펼친 깃털 아래
바람의 물결로 춤을 춥니다

은방울의 멜로디는
당신께 바치는 노래입니다

금취 속 화안(華眼)마다
빛나는 사랑이 숨 쉬고
은빛 종소리처럼
오롯이
당신만이 잠기네요

당신의 눈빛 속에
자꾸만 흔들리는 마음
나의 전부를 불태웁니다

나는 사랑의 불새

나의 황홀함에
나의 간절함에
당신의 영혼은 불타오르리.

로또

소문난 복권방
그 끝없는 줄 속에 나도 선다

손엔 AI가 분석한 숫자 목록
가능성과 허망이 나란히 적혀 있다

수동 두 장, 자동 셋
무표정한 얼굴에
꿈이라는 가면을 쓴다

기대의 별을 세며
잊힌 신들의 언어로 시를 짓고
가상처럼 빛나는 거리 위
포르쉐의 그림자가 스친다

단 한 번의 입맞춤으로
성벽을 세우지만
그 안엔 아무도 들어오지 못한다

아침, 낡은 흔들의자에 앉아
어제의 숫자를 다시 확인한다

움직임은 있으나,
한 발짝도 나아가지 않는 그 자리

삶은… 가끔
제자리에서만 흔들린다.

징검다리

밟고 가세요
그 고운 발로

당신 발 아래
조용히 웅크린
이 작은 존재

밟히고 밟혀도
원망이나 탄식하지 않아요

아픔은 강물에 흘려 보내고
상처는 바람에 씻어내며

세상의 무게
내 안에 깊이 뿌리내려도

나는 묵묵히
홀로 피어나는
이름 없는 꽃

사랑이라 부르지 않아도
당신 향해 모으는
이 고요한 마음 한 점.

한 입의 사유

밥을 뜬다
세 숟가락쯤 먹으려다
두 숟가락만으로도 충분하다는 생각이 든다

침묵을 배운 마른 나물
깊은 그늘을 담고 있는 표고버섯
그 위에 길들이지 않은 풋것을 올린다

간장 한 찻술
참기름 몇 방울
고추장 약간
무언가를 더하기보다
덜어내는 방식으로 맛을 낸다

숟가락으로 이리저리
삶을 버무리다가
한 입 뜬다

입안 가득 퍼지는 고소함
나라는 존재가 잠시 멈춰
스스로를 음미하는 순간이다.

🎵 물들어 온다(민요풍 노래 가사)

[후렴]
물들어 온다, 물들어 온다
어기야 디야~ 물들어 온다
물들어 온다, 물들어 온다
어기야 디야~ 물이 들어온다

[1절]
출렁출렁 바닷물에
물고기 떼 몰려온다
반짝이는 비늘 따라
어기야 디야~ 춤을 춘다

[후렴]
물들어 온다, 물들어 온다
어기야 디야~ 물들어 온다
물들어 온다, 물들어 온다
어기야 디야~ 물이 들어온다

[2절]
끼룩끼룩 갈매기야
은 날개로 길을 연다
해 살짝 비친 수평선에

어기야 디야~ 좋다야

[후렴]
물들어 온다, 물들어 온다
어기야 디야~ 물들어 온다
물들어 온다, 물들어 온다
어기야 디야~ 물이 들어온다

[3절]
뻘구멍서 뻘떡게야
게발 치며 나와 불고
소라 멍게 줄줄이로
어기야 디야~ 뒤따른다

[후렴 + 마무리]
물들어 온다, 물들어 온다
어기야 디야~ 물들어 온다
에헤야 디야, 물이 찼다야
어기야 디야~ 흥이 넘친다!

제3부

달의 내력

나는 여전히 당신 마음 한 자락 펴서
가을 햇살 아래 그리운 편지를 읽습니다

달의 내력

달빛에 젖은 실
베틀에 걸어 직조하는 아낙은
연이 끊기지 않게
조심조심 사랑의 무늬를 넣는다

고요와 어둠과 망각과
기억의 산실에서 잉태되어
어둠의 휘장 걷어
알 깨고 나오는 산고의 진통

밝음으로 깨어나는 천지가
실체 드러내며 새벽이 열리면
그날은 언제나 시작이고
나에게 주어진 소중한 생(生)

새로운 날에 소속되어
허름하게 짜여진 레일 위를
시간이 궤도 따라 초속으로 달린다

작은 풀잎이 땅에 바짝 기대어 몸 사린다
침묵하는 겨울은 이즈러진 달에 고독을 가두고

일어날 일과 일어나지 말아야 할 일 모른 체
분별없는 속도에 브레이크 없이 질주한다

원시(原始)에 세워진
사각의 기둥 무너뜨리려는 듯
벼락 총소리에 부딪치고, 깨지고, 넘어지며
원(圓)을 질주하는 경주마

두 손 맞잡아 마음 모아도
스스로 열리고 닫히는 성(星)

성(星)의 투명한 벽 속으로
가뭇없이 빨려 들어간다.

바람이 건네준 편지

산모롱이 단풍잎이
고운 치마폭에 물들던 날
당신 생각이
바람결에 스며들었습니다

나리꽃 한 송이
해를 머금고 웃던 자리에
당신의 향기
속삭이듯 묻어 있더군요

백일홍 따라
가을 길 곱게 열리던 그날
나는 걸음을 멈추고
당신의 이름을 조용히
불러 봅니다

눈 감으면
손끝에 머무는 따스한 기척
말없이 마음 쓰다듬던
그 손길이 다시 피어납니다

바람결에 묻어난

당신의 숨소리
조용히 따라오고요

나는 여전히
당신 마음 한 자락 펴서
가을 햇살 아래
그리운 편지를 읽습니다.

사랑

그대는
맑은 샘물
깊은 산에 샘솟는 옹달샘처럼
내 마음에 고요히 들어와
촉촉이 적셔주는
그런 사람입니다

그대는
솔잎 바람
푸른 솔향 가득 실어와
귓불 스치며 입맞춤하고
달아나듯 가버리는
그런 사람입니다

그대는
가을하늘
시리도록 파란 하늘에
몽글몽글 피어나
새털처럼 포근하게 감싸주는
그런 사람입니다.

빛바랜 가을에는

단풍잎 내려앉은 낙엽길
갈잎에 숨은 도토리 하나
그 작은 떨림이
아름답다

야윈 햇살에 비벼대는 초롱꽃
가늘게 떨리는 꽃망울의 순정
그 여린 숨결이
아름답다

거미줄에 매달린 낡은 이파리
갈바람 따라 춤추는 억새
그 쓸쓸한 흔들림이
아름답다

볕이 갈라놓은 산책길 너머
벤치에 나란히 앉아 조는 노부부
그 침묵의 여백마저
아름답다.

서로의 무늬

가을이 정류장에서
당신을 기다리고 있어요
그녀의 잃어버린 날개를 찾아주세요
당신의 굳게 닫힌 창을 열어주세요

우리는
서로의 빛이 되고
서로의 날개가 되어
사랑의 길 위에
작은 꽃들을 피워내요

함께여야 닿을 수 있는 길
함께여야 부를 수 있는 이름

바람이 향기 입술로
당신의 마음에 지문을 찍어요
달의 심장이 둥근 떨림으로 새벽을 열어요

저 하늘에 무지개를 걸어볼까요
붉은 지느러미 같은 노을을
공작의 깃처럼 펼쳐볼까요

설렘으로 피어난 꽃은
늘 향기로워요
가끔은 두렵기도 하지만

길 위에 길이 있어요
길을 따라가 볼까요
서로의 모자람 채워가는 여정에
외로운 언어들이 흔들리네요

봄의 씨앗을 뿌려야 할까 봐요
봉인된 계절이 열리는 그곳에서

두 사람이 그린
향기로운 무늬가
꽃으로 피어날 테니까요.

구두가 넘어진다

비틀린 보도블록 사이
삶의 균열처럼 깊숙이 끼인 채
구두가 조용히 무너진다

깨진 걸음의 흔적이
병상에 누운 듯 고요히 묶여 있다

퍼즐 하나 어긋났을 뿐인데
일상이 함께 무너져 내린다
지하철이 멎고 사무실이 멎고
아침 분침이 눕는다

쉴 틈 없이 달리던 것들이
비로소 길 아닌 곳에 멈춘다
멈춤 속으로 시간이 스며든다

생각이 비워지는 동안
정지된 화면 위에 물결무늬 하나
조용히 제자리를 맴돈다.

다시 걷는 마음

퍼즐을 다시 맞춰야 한다
장대비에 젖어
한 뼘 더 깊어진 구두

성숙이란 상처 위에 피어나는
새로운 가죽
그 달라진 풍경에
자신의 궤적을 다시 그린다

구두를 바꿔 신고
익숙한 길 떠나
처음의 침묵을 건넌다

그제야 비로소
달리기만 하던 날들이
한 시인의 가을 기도처럼
입속에서 천천히 되뇌어진다.

단풍 든 무등산

시월 지나고도 보름
저무는 계절의 아쉬움이
뜨거운 불꽃으로 타오른다

골 깊은 음색
색색 수놓은 산허리마다
형색이 장관이요
풍광이 수려하다

원효사 누각 아래
차 한 잔 받쳐 들고
고뇌와 사랑 소롯이 내려
무아경(無我境) 이르니

화려한 병풍산
화엄(華嚴)으로 일렁이고
상긋한 산 내음
연모하듯 안겨 온다

산세에 취해 노을에 취해
그리메 앞산 가릴 때까지

사색하는 나그네
떠날 줄 모른다.

꽃불

한 생이
폭삭 익어가는
가을볕은
늙어가는 일만 남아있는
시월의 방식에 불을 지르고

고행의 발길 산사에 부리면
어제의 이야기와 그제의
추억이 머물던 자리
그 온기 그 흔적 지우려는 듯
붉은 광기 토해내고 있다

후미지고 그늘진 자리마다
낮은 음색의 초(草)향
이끼 낀 바위에 녹여내
온갖 시름 외면하고

애기단풍의 간절함도 외면한 채
굴레의 얽매임 벗어나려
온 산에 번지는 불의 감정

골짜기마다 남겨진 아쉬움이

바람 끝 붙들고
불의 아가미로 들어간다

일탈의 강에 범람하는
저 과감한 맨발의 시위
발바닥에서 정수리까지
붉게 타오르고 있다

피보다 진한 울음으로
불보다 뜨거운 눈물로
불의 가슴에 안겨
빨갛게 사위어간다.

가을 구두

나는 어긋버긋한 틈새에 끼여 깨졌다
나는 수선소 한켠에 누워 있다

길 위에서 피 튀기며 싸웠던 친구들이
닳아지고 찢어지고 깨진 병사들처럼 신음을 토한다

늙은 수선공은 그들의 신음을 알아듣는 듯
닳아진 곳을 교체하고 상처 난 곳을 꿰매고 약을 바른다

내 몸을 보더니
쯧쯧, 스트레스가 쌓여 제 발에 병이 났군

수선공은 굽을 갈고 마음을 어루만지더니
구석으로 나를 밀어놓는다

나는 구석에서 정지 화면으로 눕는다
모두가 새로운 아침을 맞이하기 위해 잠을 잔다

뜨겁게 달려온 잎들이 가을을 맞이하듯이
나도 그럴 것을 믿는다.

맨드라미

여름 끝자락 붙들고 서서
뜨락에 맨드라미
손님처럼 와 있네

벗하던 매미 간데없고
잠자리 하늘가에
어지러이 맴도는데

타오르는 열정
불꽃으로 피었는가

너 머무는 곳
어디인들 어떠하리

너 가는 곳
어디인들 어떠하리

이 한 몸 잠시
불사르다 가리니

하얀 불꽃 되리라
하얀 불꽃 되리라.

가을이 바쁘다

늙은 햇살 한 줌
강나루에 내려앉은
여름 끝자락

그대 떠나보내는 아쉬움
가늘게 떨리고
억새의 어깨 토닥이며
서걱이는 계절을 넘긴다

허기진 날개로
마른 푸서리 헤집는 굴뚝새
가느다란 햇살 주워 담고
텅 빈 들녘 위로 서리꽃이
아프게 피어난다

쪽빛 물결 따라 흘러가는
그 흔들림 속에서
시간은 말없이 저물고
짧아지는 해그림자 끌어안고
다가오는 겨울 문턱

가을이

조용히 바쁘다
낙엽 털고 바람 실어
사랑도 그리움도
그리 정리하는 중이다.

🎬 어둠에 잠겨 (1)
- 침묵의 늪

습기 어린 어둠 속
칙칙한 흙 내음 마시며
멍때리는 망각의 늪에 잠긴다

놀이터 잔디 위에
아이들 웃음이 반짝이다가
저녁 어스름 속으로 번져가고
설익은 밤기운이 멈춘 숨처럼 고인다

등불 든 사람들이
들녘 외길 따라 돌아가는 발끝
말띠 시절의 가시내들이
잊힌 노래를 부르며 스며든다

가로등 푸른 유혹에
휘청이며 몰려드는 작은 날갯짓

그 끝엔
거미의 침묵이
거절도 환영도 없이
몸을 받아낸다

🎞 어둠에 잠겨 (2)
― 그믐의 질문

불 밝힌 창마다
안식의 온기 가득하지만,
그 안의 평온마저 그믐달 아래에선
나른한 꿈결처럼 흔들린다

이슬에 젖은 그림자 하나
돌아갈 길 잃은 채
밤의 가장자리만 맴돌고

귀뚜르, 귀뚜르―
귀또리의 울음 너머
묻혀 있던 질문 하나 떠오른다

울음은
정적의 심연에서
아직 꺼지지 않은
작은 불씨일까

미세하게 깨어나는
감정의 울림일까.

꽃 진 자리

환희는
한 철 피운 꽃의 숨결
햇살 삼킨 채
풍선처럼 부풀다
무언의 바늘에 찔려 사라진다

그 자리엔
지워지지 않는
꽃의 체온이 남고
이별은 향기 없이
바람에 묻힌다

남은 건
불씨처럼 타오르지도
재처럼 사라지지도 않는
어떤 마음 하나

그것은
사랑보다 무디고
신보다 조용한 기도

시간의 강을 건너며

잊히기를 거부한 작은 등불

나는 그 불빛을
두 손에 꼬옥 감싸 쥔다
지켜야 할 마지막 약속처럼.

구순의 어미

야야 아프다 살살해라
작은 손길에도 근육 없는 살피
벌겋게 달아오른다

평생 쓸어모은 지푸라기
당신이 정 준 곳에 다 부리고 가려나
백수 고개 넘는 어미는
실시간 속보 쏟아낸다

싼 내 죄가 크냐
치우는 네 죄가 크냐
구순의 목소리에서 쇳소리 난다

큰 죄인 작은 죄인 하수 놀이에
애먼 물바가지 동동거리고

자꾸만 뒷걸음치는 생각이
가지치기한 세월 너머에 벗어놓은
추억 속 막내딸 찾아 맴맴 맴맴

저문 강에 기다림이 통째로 져버려도
외갓집으로 가는 기차는 오지 않고

추억 속 오동리만 맴맴 맴맴

바람이 스치면서 하는 푸념
빨랫줄에 걸려 숨 고르기 하면
지붕 위 와송 그림자로 길게 눕는다.

오래된 화분

이끼 낀 가슴 속에
한 생 저리게 품고
뒤란에 방치된 허무

자식 하나 없던 큰어머니는
해 질 녘 저무는 소리 가르랑거리는
요양원에서
석양의 마지막 체온 같은
숨을 붙들고 있다

계절이 몇 번 바뀌어도
큰어머니의 봄은 언제나 비껴가
푸른 멍자국이 돋고
덜거덕거리는 틀니만
숨가쁘게 하루를 부여잡고 있어
안겨 오는 따스함조차 없다

뭉클함 느껴본 지가 언제인지
군데군데 핀 저승꽃이
거쳐 간 세월만 짐작하게 할 뿐

묵고 있는 요양원에 핀 꽃들도

모두 닮은 꼴
머무는 시간만이 곁을 지켜준다

가슴팍에는 차마 지우지 못한
저마다의 이야기 새록새록
추억의 소리 윙윙거리지만

저 복도 끝에서
계절 틀어막은 슬픔이
하얗게 질린 얼굴로 휘청거리며
길 떠나면 모두가
한 줌의 수의 같은 서러움 토해낸다

꽃색은 지워졌지만
오늘도 큰어머니는
사시사철 지지 않는
마음의 꽃에서 피워 올린
그 향기로 마른 가슴 적시며
그리움의 씨 뿌려 다독거리고 있다.

영원한 이별

들이쉰 숨
뱉어내지 못한 채
멈춰 선 심장

깊고 어두운
영면(永眠)의 늪 속으로
서서히 빨려 들어간다

자석에 끌리는 쇠붙이처럼
주인 넋 따라
재빠르게 동행하는 육신

정성껏 다려낸 염
손톱 발톱 깎아 품에 넣고
곱게 짠 수의 입혀
너덜겅 쉬이 건너갈 채비 마친다

이승에서 못다 한 말들은
암묵의 흘림체로
이별 문자 보낸다

흰 무명천 위에

훠어이 훠어이 떠도는 넋

뼛속 깊이 스며드는 통한
"아빠, 안녕"
딸의 마지막 인사가
이승과 저승의 벽
허문다.

사랑은 아직

연보랏빛 수줍음
가냘프게 떨리며
메마른 가슴 언저리에
소리 없이 내려앉는다

숨겨둔 열망은
허공의 잎새처럼 끝내
사르지 못하고

홀로 여문 마음
애써 외면하려
숲의 이야기로 덧칠하지만

이별은 아직
가을빛에 물들지 못한 채
내 안의 그림자 속에서
머물고 있는데

그대 무엇을 감추려
퍼런 가슴 드러낸 채
설익은 숲 그리
헤매고 있는가.

제4부

섬과 섬 사이

서로의 빈자리 오롯이 지켜주고 싶은 마음
간절히 담아낸다

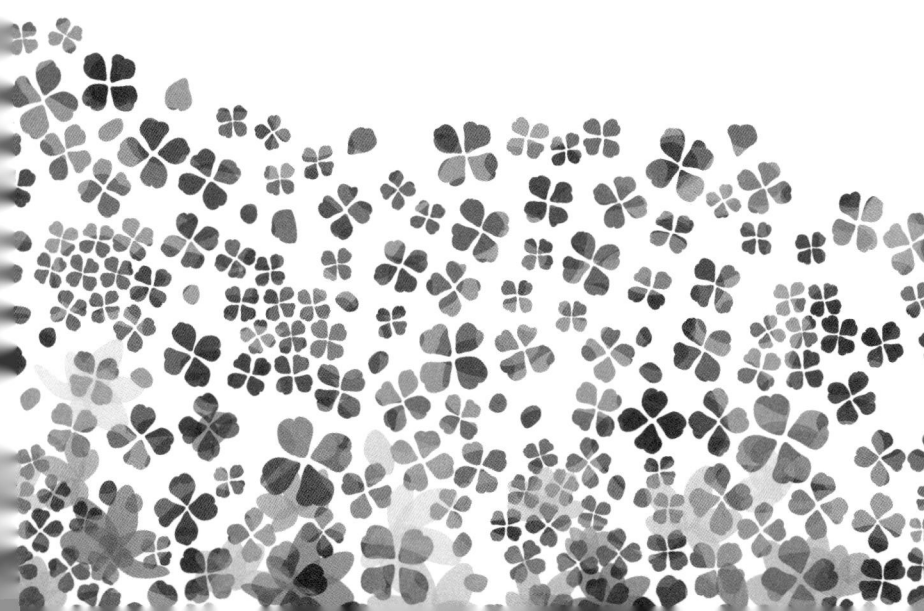

섬과 섬 사이

거기 어디쯤에서 마냥 바라보고 있다

덫을 놓는 손과 알 수 없는 변수로 얼룩진

어제의 오르막과 그제의 내리막이 마주하는 침묵에

고독 숨긴 채 슬픈 노래 부르고 있다

닳고 닳아도 지워지지 않는 시간, 홀로가 아닌 우리이기에

조용히 지켜주어야 할 약속, 모진 가슴 내주고 바람길 열어주고

후줄근히 젖은 해풍에 거칠게 몰아치는 바다의 넋두리

삭히고 삭혀 들여앉힌 상흔 여태 자리 지키고 있다

살갑게 파고드는 날갯짓이 있기에

철썩이고 출렁이는 속도가 방향을 탐색해도

절반의 불안과 절반의 침묵으로 흥건해

마르지 않는 목소리로 늘 젖어 있는 얘기들은

반짝이는 눈물 되어 골 깊은 흔적 모래톱에 쌓인다

영원히 손잡을 수 없어도 가까이 다가갈 수 없어도

바닷새 나래짓에 서러운 정 잇고

푸르게 날리는 포말의 흩날림에 그대 맘 읽을 수 있어

어둠이 붉은 깃 치며 물의 지붕으로 날아오르며 밝아오는 여명에

부끄러움 감추고 소롯이 드러내 언제라도 마주할 수 있는 그곳에 그대 있어

두 밤 홀로 안고 격랑의 물결 말없이 감싸주며

서로의 빈자리 오롯이 지켜주고 싶은 마음 간절히
담아낸다.

묵(默)

모서리로 해를 찌르는 각도를 생각해요

그림자는 각도만큼 드리우고

빛을 체에 거르면 순화한 어둠만 남게 될까요

무채색의 언어를 침묵으로 배우고 싶어요

TV는 흑백논리로 가득 찬 상자

빛이 없는 그림자라니

그림자 없는 빛이라니

꽃이 없는 가시만 여의도 정원에 가득해요

침묵으로 발아하고 싶어요

꽃무늬 원피스를 입은 꽃들은 어떨까요

밤의 판화에 무채색의 별을 침묵으로 새겨요

사각사각 별들이 울리는 종소리를 파고 있어요

침묵은 가장 아름다운 별들의 표정일지 모르죠

유리 벽을 뚫고 날아오르는 날개를 꿈꿔요

밤의 모서리로 새벽이 담겨오면

빨갛게 물든 침묵의 오브제 같아요.

천년 영광의 아침

칼바위에서 아침을 맞는다

법성포 칠산대교 훑으며 지나가는
바람을 안는다

백수에서 법성포 거쳐 구시포, 동호,
위도, 곰소만, 고군산 비안도까지가
펼쳐지는 칠산바다

섬과 섬을 잇듯 사람과 사람을 잇는다

위도 파시를 전후해 붉은 립스틱 바른
작부(酌婦)의 노래 장단 귓가에
쟁쟁하건만

저 멀리 닻줄에 묶인 통통배는

한때의 영광을 간직한 채 서해를
바라보고 있다

밀려왔다 밀려가는 저 바다가
호접지몽(胡蝶之夢)이었던가

해풍 타고 갈매기는 출항을 기다린다

병치, 쭈꾸미, 고개미, 새우, 조개로
팔딱이는 갑판과 항구의 부산함

언제 오시려나

굴비 들고 저승 가신 울 어머니

가는 곳마다 꽃무릇, 상사화 가득하건만

빛내림으로 오시려나

눈시울 적시니

어깨 위로 흰나비 한 마리

어머니 손길처럼 내려앉는다.

시

너를 만나기 위해
책상 위엔 지우개 똥이 산처럼 쌓인다

문장마다 베인 연필 자국은
도려낸 살점처럼 붉고
자음과 모음이
서로를 문질러 불꽃을 일으키다
터진 뜻 하나 없이 사라진다

붙였다 지웠다
마디마디가 쑤시는 구절들
고뇌의 창백한 불빛 아래
잘린 문장들이 검붉게 말라간다

때로는 활자 틈새로
물비늘 같은 한 구절이 번쩍이고
나는 그것을 잡으려
눈먼 채로 바다 밑을 더듬는다

사전에 없는 너의 언어
누구도 본 적 없는 그 문장을 위해
나는 날마다
침묵의 골짜기를 한 걸음 더 내려간다

영광 새천년을 밝히어라

한반도 용머리 올리는 태초에 이곳으로
태백산맥 등 세우고 내려왔으니

노령산맥 혈이 이곳이 아니더냐

동(東)과 서(西)를 묶고 남(南)으로 뻗친
묘(妙)산의 장엄한 기(氣)가 철철

맑고 깨끗한 젖줄로 흘러넘치니
전답 살찌우고 군민을 풍족히 먹이고 입혀왔노라

이 혈이 황해로 흘러 칠산바다에 이르니
크고 작은 섬과 해안이 그 품에 안겨
유순하여라

북서풍의 기운 잠재우며
조류의 흐름 간파해 바닷길 열었으니

조기, 새우, 민어, 온갖 어물 풍어 이뤄
임금께 진상하고 백성의 상차림에 올랐어라

상춘곡의 발상지요 간양록의 모태이며

섬세하고 세련된 문화의 발생지가
이곳이 아니더냐

가는 곳마다 스며든 선인의 음덕(蔭德)
향긋한 예지(睿志)의 꽃으로 피어나고

난세에 횃불 들어 의연히 나라 지킨
충(忠)과 의(義)가 중천(中千)을 밝히어라

하늘과 땅이 일심(一心)으로 포용하니
의로움과 성스러움의 요체(要諦)요
혼불로 살아오는 민족의 거룩한 성지여라

대대로 이어오는 전통 귀히 여겨
법성포 단오제, 칠산어장놀이,
숲쟁이 민속놀이, 불갑산 상사화,
가는 곳마다 축제로다
풍어와 풍년, 안녕을 비는 축제 한마당
한마음으로 어우러지는 풍류의 고장이어라

서산에 깃드는 붉은 기운
어머니의 품에 안기니

영묘한 광채로다, 신령한 빛이로다

영광(靈光)의 빛은
다시 새천년의 길 밝히어라.

강은 내 동맥이다

어머니는 물을 긷지 않았다
그저 아침마다
영산강을 바라보며
기도처럼 숨을 골랐다

나는 그 옆에서 자랐다
강의 흐름이 젖줄이었고
모래톱에 박힌 발자국은
이름 모를 조상들의 체온이었다

비가 오면
저 위에서부터 혈이 끓는 소리가 들렸다
철썩 철썩
내 안의 무언가도 함께 뒤집혔다

강가에 앉아 있으면
할머니 손등 같은 바위가
등을 토닥이고
햇살은 갓 지은 밥처럼 따뜻했다

영산강
너는 흐르는 것이 아니라

기억을 품고 있는 강
누가 그러더라
사람은 결국 제 강을 품고 산다고

내 피의 절반은 영산강이다
나는 아직도 그 물에 얼굴을 씻는다
그 강은 내내 흐르면서도
한 번도 나를 떠난 적이 없다.

운명의 주머니

아득한 처음에
신들은 마지막 주머니 하나를 남겨 두었다
작고 낡았으나
그 안으로 모든 세계가 빨려들었다

사랑 하나
행복 하나
그리움 하나

불의 여신이 건넨 불씨는
쥔 손에서 미끄러져
주머니의 어둠 속으로 사라지고

황금빛 수레 위에서 내린
신의 웃음은 땅에 닿기 전
기억이 날아갔다

그 주머니에는
작은 구멍이 있다
그것은
신이 숨겨둔 망각의 통로

달의 여신에게 기도했지만
달빛은 되돌아오지 않고

희망 하나
시간의 신이 흘린 깃털
그마저 방향을 잃었다

슬픔은
주머니에 미련을 눌러 넣었다

그제야 허무가
바닥에서 몸을 일으켜
옛 신들의 이름을
낮게 속삭였다.

오월의 장미

오월인가 보다
푸르름 더해가고
사랑
깊어 가건만

민주의 깃발
저 담장 위에서
붉게
토해내는 한

새벽 저벅이던 군화에
짓밟힌 짚신
푸른 넋으로
사라져간 핏빛 육신

그날의 한
오월의 하늘 아래
저리
스러지게 피었구나.

상흔

시간이 먼지처럼 쌓여
추억 불러올 수 없지만
그날 그 순간만은
가슴 속에 웅크리고 앉아

사라지지 않는다
지워지지 않는다

가시덤불에 에워싸여
헤치고 나아가지 못하고
붉은 꽃잎에 가려진 핏자국

잊어야 하는데
진정 그래야 하는데
생이 영혼으로 흩어지는 날

하얀 나비 되어
날아가려나

조팝나무꽃으로
피어나려나.

성

대숲에 부는 바람은
천 길 폭포수
무수한 물보라로 부서진다

부서지는 바람 따라
흩어지는 번뇌

동굴 속 깊은 곳
물방울의 울림은
시간 너머 청명한 고요

무언의 진리로 다가와
침묵 속 존재의 벽 두드린다

대숲에 바람 불면
이 가슴 다 내어주고
텅 빈 마음으로

나를 잃고
나를 찾아
다시 나에게로 향한다.

매듭

한 올의 실
숨은, 숨 감추듯
고요히 중심 세운다

청실과 홍실
음양처럼 얽히며
보이지 않는 인연 짓고
색색의 실들이
시간처럼 흘러와
서로의 결 감싸안을 때
나는 비로소
한 폭의 생
짜고 있음을 안다

작은 매듭 하나
시작도 끝도 비어 있으나

그 텅 빈 자리에
마음은 가장 곱게 깃든다.

말 한마디

봄빛에 입 맞추며
기분 좋은 나들이였지

인삼 튀김의 쌉싸름한 맛
호숫가 둘레길의 햇살
모두 웃음이었지

눈이 마주치고
서로를 사랑하던 순간
세상은 온통
따스한 숨결로 가득했는데

아무 말도
하지 않는다는 건
때론, 가장 절실한
소통일지도 모르지

무심히 던진 혀끝의 칼
예고 없이 밀려든 파도처럼
순식간에
행복 바구니 엎어버렸지

얼음물 뒤집어쓴 마음
밤새 이불 속에서
말 대신 떨고 있지.

군상

자기 차를 두고
남의 차에 올라타
기름값이 비싸다며
세상 부조리 논하는 그녀

이성은 중요하지 않다면서
입속엔 늘 사랑과 욕망의
잔해가 섞여 있다

나이는 숫자라며
거울 속 젊음을 애써 붙든다

하루를 연극처럼
무대 위가 아닌
일상의 중심에서
배역을 잃지 않으려 애쓴다

가면은 때로
얼굴보다 진실하다

그녀들이 모여 선
침묵의 장면들

나는 그 그림자 너머를 본다

묻지 않아도 들려오는
한 사람의 목소리
우리는 누구일까

무엇을 연기하며
어디쯤 진짜였을까.

우문현답

스님, 남편이 바람을 피워요. 이혼해야 하지요?

그렇지요

스님, 그래도 남편인데 한번 용서하고 살아야지요?

그렇지요

스님, 아무래도 한번 바람을 피면 다시 핀다는데 갈라서야지요?

그렇지요

스님, 그래도 한 번만 더 믿어보고 살아야겠지요?

그렇지요

스님 이것도 맞다, 저것도 맞다, 하시면 안 되지요

그렇지요

스님, 스님을 못 믿겠어요. 제가 해결해야겠어요

그렇지요.

행복한 시간

딸깍,
작은 문이 닫히며
세상과의 경계가 지워진다
비밀스러운 이 고요한 방 안
나는 누구의 눈치도 없이
근심 하나, 욕심 하나
천천히 내려놓는다

쌓아온 것들의 무게
그 허상을 비움으로써 알게 되지
진정한 소유는
놓아주는 데 있음을
몸이 먼저 기억하는 자유

마음보다 먼저 가벼워진
이 낯선 해방감에
나는 비로소 웃는다
쾌적한 침묵 가르며
비발디의 봄이 흐른다
경쾌하게, 맑게
존재의 깊은 숨결 어루만지듯.

감사하는 마음

아침에 눈을 뜨면
창가에서 미소 짓는
따스한 햇살에게
감사합니다

사랑하는 가족과
소중한 이웃에게
귀한 음식으로 삶을
누릴 수 있게 해주어
감사합니다

내가 해야 하는
소소한 일상들이
너무 힘들지 않아
감사합니다

들꽃을 보아도 행복하고
부드러운 미소와 온화한 눈길
이웃과 나눌 수 있어
감사합니다

누군가에게 품었던

소원(疎遠)했던 마음
지금 당신에게
용서를 구합니다

조용히 어둠이 내리면
편안하고 따스한 침상에서
하루를 접을 수 있어
감사합니다.

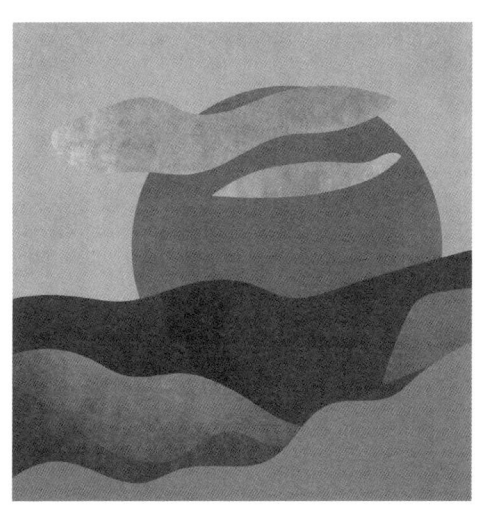

그곳엔(하늘)

오고 감이 없고
시작도 끝도
이름도 없다

생과 멸은
이미 부질없는
그림자

기쁨과 슬픔은
허공에 퍼지는
한 점 물결

바람은 스쳐 가고
구름은 흩어지며
머무름 없이
자취를 지운다

걸림 없는 자리
텅 빈 그 비움 속에
만유는 되비춘다

아무것도 없기에

모든 것이 있는

빛도
그 빛 됨을 벗고

태양조차
그 자리에 멈춘다

말이 닿지 않고
생각이 머물 수 없는 곳

그곳엔
고요만이
고요만이 흐른다.

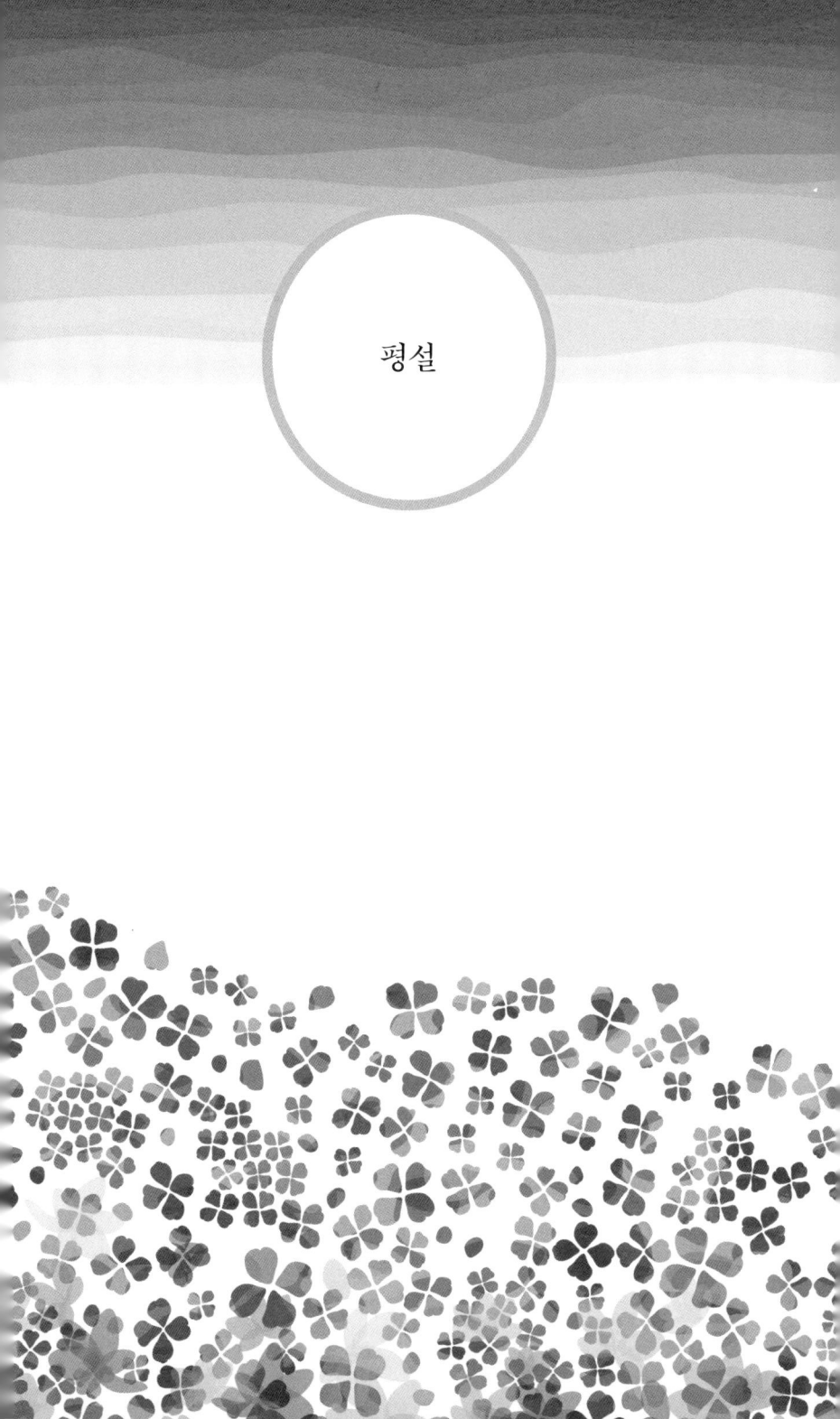

평설

"김예린 시인의 제2시집 출간을 축하하며"

　김예린(본명: 김애숙) 시인은 1958년에 충남 논산에서 2남 2녀 중 장녀로 태어났다. 그녀는 한국방송통신대학 국어국문학과를 졸업한 뒤, [강원시조] 시조 부문, [강원디카시조] 디카시 부문, [문학공간] 시 부문 신인문학상, [현대시문학] 시 부문 신인문학상 수상으로 문단에 데뷔했다.

　문학상으로는 신춘문예 샘문학상, 강원시조 장원, 강원디카시조, 글나라백일장, 남명문학상, 석정문학상, 영남일보 달구벌문예대전, 청백리 최만리 시조 문학상, 한용운 문학상, 한국 문학상, 신정 문학상, 산해정 문학상, 박덕은 전국백일장 금상, 박덕은 전국 디카시 최우수상, 현대시문학 커피 문학상 대상, 현대시문학 디카시 문학상 대상, 현대시문학 삼행시 문학상 등을 수상했다.

　문단에서는, 한국예술인협회 회원, 광주문인협회 회원, 문학그룹 샘문 이사, 한용운문학 회원, 한국문학 회원, 샘문시선 회원, 한실문예창작 회원, 성스런 문학회 회장 등으로 활약하고 있다. 시집으로는 [건반 위의 사랑]을 펴냈다.

　자, 지금부터 김예린 시인의 시 세계 속으로 탐방을 떠나 보자.

거기 어디쯤에서 마냥 바라보고 있다

덫을 놓는 손과 알 수 없는 변수로 얼룩진

어제의 오르막과 그제의 내리막이 마주하는 침묵에

고독 숨긴 채 슬픈 노래 부르고 있다

닳고 닳아도 지워지지 않는 시간, 홀로가 아닌 우리이기에

조용히 지켜주어야 할 약속, 모진 가슴 내주고 바람길 열어주고

후줄근히 젖은 해풍에 거칠게 몰아치는 바다의 넋두리

삭히고 삭혀 들여앉힌 상흔 여태 자리 지키고 있다

살갑게 파고드는 날갯짓이 있기에

철썩이고 출렁이는 속도가 방향을 탐색해도

절반의 불안과 절반의 침묵으로 흥건해

마르지 않는 목소리로 늘 젖어 있는 얘기들은

반짝이는 눈물 되어 골 깊은 흔적 모래톱에 쌓인다

영원히 손잡을 수 없어도 가까이 다가갈 수 없어도

바닷새 나래짓에 서러운 정 잇고

푸르게 날리는 포말의 흩날림에 그대 맘 읽을 수 있어

어둠이 붉은 깃 치며 물의 지붕으로 날아오르며 밝아오는 여명에

부끄러움 감추고 소롯이 드러내 언제라도 마주할 수 있는 그곳에 그대 있어

두 밤 홀로 안고 격랑의 물결 말없이 감싸주며

서로의 빈자리 오롯이 지켜주고 싶은 마음 간절히 담아낸다.

- 시 [섬과 섬 사이] 전문

이 시에서의 시적 화자는 섬과 섬 사이를 마냥 바라보고 있다. 섬과 섬 사이는 무엇을 의미할까. 실제로 존재하는 섬과 섬 사이, 당신과 나 사이, 그리움과 미움 사이, 미래의 어떤 약속과 현재의 불확실성 그 사이 등을 의미할 것이다. 그

의미를 콕 집어서 정확히 말할 필요는 없다. 애매성으로 두고 독자들의 상상을 유도할수록 시는 빛나는 법이다. 시적 화자는 섬과 섬 사이 어디쯤에서 마냥 바라보고 있다. 어느 섬으로 향하지도 못한 채 머뭇거리고 있다. 방향을 잡고 나아가면 좋을 텐데 그러지 못한다. 하염없이와 물끄러미 그 사이를 오가며 슬픈 노래를 부르고 있다. 그 노래는 '덫을 놓는 손과 알 수 없는 변수로 얼룩진/ 어제의 오르막과 그제의 내리막이 마주하는 침묵에/ 고독 숨긴' 노래이다. 화자의 아픔이 진하게 느껴진다. '섬'이라는 존재도 외롭게 다가온 데 섬과 섬 사이에서 슬픈 노래를 부르고 있다니, 마음이 아프다. 한때는 안부를 주고받고 해 질 녘의 감정으로 서로가 물들어 갔을 텐데 이제는 다가가지 못하고 있다. 하지만 화자는 홀로가 아닌 우리라는 사실에 의미를 두고 있다. 과거의 아픔이 어찌 되었건 그 시간은 닳고 닳아도 지워지지 않는 법이다. 부정하지 않고 받아들이는 자세가 아름답다. '홀로가 아닌 우리이기에/ 조용히 지켜주어야 할 약속, 모진 가슴 내주고 바람길 열어주고' 있다. 상황을 따스하게 바라보고 있어 마음에 온기가 돈다. 그런 시야를 갖게 되기까지 '후줄근히 젖은 해풍에 거칠게 몰아치는 바다의 넋두리/ 삭히고 삭혀 들어앉힌 상흔'이 화자의 심장을 아프게 파고들었을 것이다. 때로는 '철썩이고 출렁이는 속도가 방향을 탐색해도/ 절반의 불안과 절반의 침묵으로 흥건해/ 마르지 않는 목소리'가 늘 젖어 있어 힘들었을 것이다. 자신의 아픔에만 갇혀 있었다면 알 수 없었을 상대의 마음이 이제는 조금씩 보인다. '푸르게 날리는 포말의 흩날림에 그대 맘 읽을' 수 있는 것이다. 그 아픔의 낮과 밤이 있었기에 시적 화자는 이제 어떤 결심을 할 수 있는 것이다. '어둠이 붉은 깃 치며 물의 지붕으로 날아오르며 밝아오는 여명에/ 부끄러움 감추고' 무언가를 할 수 있는 것이다. 그 용기에 박수를 보낸다.

    섬과 섬 사이, 거기엔 어제의 오르막과 그제의 내리막이 마주하는 침묵에 고독 숨긴 채 슬픈 노래 부르고 있고, 해풍에 거칠게 몰아치는 바다의 넋두리 삭힌 상흔이 자리하고 있다. 살갑게 파고드는 날갯짓, 마르지 않는 목소리로 늘 젖어 있는 얘기들, 푸르게 날리는 포말의 흩날림, 격랑의 물결 감싸주며 서로의 마음 지켜주고 싶은 마음 등이 이미지로 그려져 있다. 다채로운 정서를 포착해내는 시어들, 선명한 이미지로 이끄는 시어 배치, 새롭게 사물을 바라보고 해석하려는 시적 형상화들이 어우러져 시의 맛과 멋을 한껏 돋보이게 해주고 있다.

    모서리로 해를 찌르는 각도를 생각해요

    그림자는 각도만큼 드리우고

    빛을 체에 거르면 순화한 어둠만 남게 될까요

    무채색의 언어를 침묵으로 배우고 싶어요

    TV는 흑백논리로 가득 찬 상자

    빛이 없는 그림자라니

그림자 없는 빛이라니

꽃이 없는 가시만 여의도 정원에 가득해요

침묵으로 발아하고 싶어요

꽃무늬 원피스를 입은 꽃들은 어떨까요

밤의 판화에 무채색의 별을 침묵으로 새겨요

사각사각 별들이 울리는 종소리를 파고 있어요

침묵은 가장 아름다운 별들의 표정일지 모르죠

유리 벽을 뚫고 날아오르는 날개를 꿈꿔요

밤의 모서리로 새벽이 담겨오면

빨갛게 물든 침묵의 오브제 같아요.

- 시 [묵(默)] 전문

 이 시에서의 시적 화자는 상징의 고리를 효과적으로 활용하고 있다. 묵(默)의 사전적인 뜻은 잠잠하다, 조용하다, 어둡다, 희미하다의 뜻을 지니고 있다. 시의 문을 순화한 어둠에서 열고 있다. 순화한 어둠은 빛을 체에 거르면 남게 되는 것이 그 어둠이라고 말한다. 밝고 환한 이미지로 어둠이 다가온다. 새로운 해석이 빛난다. 이처럼 시는 새로운 해석으로 사물을 해석해내야 한다. 그림자가 길어지는 오후의 시간대를 '모서리로 해를 찌르는 각도를 생각해요/ 그림자는 각도만큼 드리'우고 있다고 표현하고 있다. 신선하다. 빛과 어둠처럼 화자는 TV를 '빛이 없는 그림자라니/ 그림자 없는 빛이라'고 해석한다. 흑백논리로 가득 차 있는 TV를 다른 각도에서 들여다보고 있는 것이다. 연결 지점을 전혀 못 찾을 것 같은데 화자의 논리에 은근슬쩍 빠져든다. 여기서 다시 한번 시는 도약한다. '꽃이 없는 가시만 여의도 정원에 가득해요/ 침묵으로 발아하고 싶'다고 말한다. 어떤 씨앗을, 어떤 제도를, 어떤 희망을 발아할 수 있는 건 침묵이라고 말한다. 상대를 공격하는 가시 돋친 말이 아니라, 침묵으로 끌어안고 침묵으로 나아가야 발아할 수 있다고 한다. 맞다. 우리는 너무나 많은 가시를 상대에게 던지고 쏘아붙인다. 침묵의 힘을 깨닫고 침묵으로 발아해야 한다. 여기서 침묵은 단순히 입을 다물다가 아니다. 자신을 들여다보고 상대를 존중하며 마음의 소란스러움이 잠잠하기를 기다리는 것이다. 내 마음이 고요해지면 시야가 탁 트이는 법이니까. '침묵은 가장 아름다운 별들의 표정일지 모르죠/ 유리 벽을 뚫고 날아오르는 날개를 꿈'꾸는 화자처럼 우리 모두 날개를 꿈꾸자. 가시가 아닌 침묵으로 다가가자.

　시적 화자는 처음에 모서리로 해를 찌르는 각도를 생각한다. 그림자는 각도만큼 드리우고, 빛을 체에 거른다. 그때 남게 되는 순화된 어둠. 시적 화자는 무채색의 언어를 침묵으로 배우고 싶다고 한다. 여의도 정원에는 꽃이 없는 가시만 가득하다 여긴다. 침묵으로 발아하고 싶다는 시적 화자. 꽃무늬 원피스를 입은 꽃들, 밤의 판화에 침묵으로 새기는 무채색의 별, 사각사각 별들이 울리는 종소리 등의 표현이 낯설게 하기에 성공하고 있다. 침묵은 가장 아름다운 별들의 표정. 그 깨달음에 다다른 시적 화자는 유리 벽을 뚫고 날아오르는 날개를 꿈꾼다. 밤의 모서리로 새벽이 담겨오면, 빨갛게 물든 침묵의 오브제가 되어 새 세상으로 가고 싶어 한다. 시어의 배치가 이미지 구현과 상징의 고리, 낯설게 하기의 기법이 조화를 이뤄 복잡미묘한 감성의 세계로 파고든다. 시의 특질에 깊숙이 젖어들어, 시의 맛을 풍성하고도 행복하게 감상하게 한다. 시가 나아가야 할 방향을 설정해 주는 것 같아, 뿌듯하다.

아득한 처음에
신들은 마지막 주머니 하나를 남겨 두었다
작고 낡았으나
그 안으로 모든 세계가 빨려들었다

사랑 하나
행복 하나
그리움 하나

불의 여신이 건넨 불씨는
쥔 손에서 미끄러져
주머니의 어둠 속으로 사라지고

황금빛 수레 위에서 내린
신의 웃음은 땅에 닿기 전
기억이 날아갔다

그 주머니에는
작은 구멍이 있다
그것은
신이 숨겨둔 망각의 통로

달의 여신에게 기도했지만
달빛은 되돌아오지 않고

희망 하나
시간의 신이 흘린 깃털
그마저 방향을 잃었다

슬픔은
주머니에 미련을 눌러 넣었다

그제야 허무가
바닥에서 몸을 일으켜
옛 신들의 이름을
낮게 속삭였다.

- 시 [운명의 주머니] 전문

이 시에서의 시적 화자는 신들이 남겨둔 운명의 주머니를 내려다보고 있다. 우리는 운명 앞에서 옴짝달싹하지 못한다. 운명의 덫에 한번 걸리면 벗어날수록 그 덫은 더 옥죄어 온다. 운명이란 어떤 것이기에 이처럼 난감하게 할까. 시적 화자는 '신들은 마지막 주머니 하나를 남겨두었다/ 작고 낡았으나/ 그 안으로 모든 세계가 빨려들'어 갔다고 말한다. 멋진 표현이다. 운명이라는 주머니는 작고 낡았다에서 어떤 비의(悲意)가 느껴진다. 그 주머니 속으로 모든 세계가 다 빨려들어간다. 빠져나올 수 없는 운명이라는 덫을 잘 표현했다. 어느 날 '불의 여신이 건넨 불씨는/ 쥔 손에서 미끄러져/ 주머니의 어둠 속으로 사라'지고 만다. 불의 여신이 건넨 불씨는 사랑일 수도 있고 그리움일 수도 있고 행복일 수도 있다. 그런 그 불씨가 손끝에서 미끄러져 버린다. 너무 뜨거워서 미끌린 것일까. 안타깝게도 그 불씨는 주머니의 어둠 속으로 사라지고 만다. 놓쳐 버린 사랑 때문에 시적 화자는 캄캄한 밤을 버텨야 한다. 다시 또 사랑이 다가오면 좋겠는데 운명은 잔인해서 사랑 없이 살아야 한다. 사랑으로 웃을 수 있는 날들을 다시 보내달라고 간구해도 '황금빛 수레 위에서 내린/ 신의 웃음은 땅에 닿기 전/ 기억이 날아'가고 없다. 계획이 날아간 것도 아니고 기억이 날아갔단다. 기억이 날아갔으니 어떤 계획을 어떤 희망을 세울 수 있단 말인가. 막막함에 할 말이 없다. 알고 보니 운명이라는 '그 주머니에는/ 작은 구멍이 있다/ 그것은/ 신이 숨겨둔 망각의 통로'이다. 망각의 통로가 있어 다행인 것일까. 시간이 흘러 아픔은 기억에서 멀어져 간다. 그리움도 멀어져 가고 뜨거웠던 사랑도 차츰 흩어져 간다. 그래도 간혹 그리움이 밀물

지듯 밀려올 때가 있어 '달의 여신에게 기도했지만/ 달빛은 되돌아오지 않'는다. 울며 울며 캄캄한 자정을 건너 적막한 어둠을 건너야 한다. 깊은 좌절과 절망이 느껴진다. 그래도 희망 하나 붙들고 싶을 텐데 희망이라는 '시간의 신이 흘린 깃털/ 그마저 방향을 잃었'다. 그러자 슬픔은 주머니에 미련을 눌러 넣었다. 이제 시적 화자는 어디로 가야 하나. 방향까지 잃었으니 어떻게 해야 하나. 공허함이 스멀스멀 다가오기 시작한다. 시적 화자는 그 공허함을 '그제야 허무가/ 바닥에서 몸을 일으켜/ 옛 신들의 이름을/ 낮게 속삭였다'로 표현한다. 참 많이 아프다. 살다 보면 허무주의에 빠질 때가 있다. 발버둥칠수록 깊게 빠져드는 허무감. 그 운명이라는 작고 낡은 주머니에 우리도 갇혔던 날들이 있었다.

신들이 남긴 마지막 주머니 하나, 모든 세계가 빨려든 작고 낡은 주머니, 불의 여신이 건넨 불씨, 달의 여신을 향한 기도, 시간의 신이 흘린 깃털, 운명의 주머니 등이 상상의 폭을 넓혀주고 있다. 상징의 파노라마가 상상의 벽을 뚫고 후끈 달아오른다. 무수한 상상과 상징의 의미를 즐길 수 있는 시의 공간이 이 시 속에 담겨 있어, 멋스럽다.

달빛에 젖은 실
베틀에 걸어 직조하는 아낙은
연이 끊기지 않게
조심조심 사랑의 무늬를 넣는다

고요와 어둠과 망각과

기억의 산실에서 잉태되어
어둠의 휘장 걷어
알 깨고 나오는 산고의 진통

밝음으로 깨어나는 천지가
실체 드러내며 새벽이 열리면
그날은 언제나 시작이고
나에게 주어진 소중한 생(生)

새로운 날에 소속되어
허름하게 짜여진 레일 위를
시간이 궤도 따라 초속으로 달린다

작은 풀잎이 땅에 바짝 기대어 몸 사린다
침묵하는 겨울은 이즈러진 달에 고독을 가두고

일어날 일과 일어나지 말아야 할 일 모른 체
분별없는 속도에 브레이크 없이 질주한다

원시(原始)에 세워진
사각의 기둥 무너뜨리려는 듯
벼락 총소리에 부딪치고, 깨지고, 넘어지며
원(圓)을 질주하는 경주마

두 손 맞잡아 마음 모아도
스스로 열리고 닫히는 성(星)

성(星)의 투명한 벽 속으로
가뭇없이 빨려 들어간다.

- 시 [달의 내력] 전문

　이 시에서의 시적 화자는 달의 내력에 대해 살피고 있다. 내력의 사전적인 뜻은 어떤 사물이 지나온 유래다. 달이 있기까지 그 내력을 시적 화자는 살피고 상상하며 의미를 덧입힌다. 시는 감성의 영역, 상상의 영역이기에 얼마든지 새로운 제목에 맞춰 색다르게 창작할 수 있다. 하지만 그만큼 상상의 폭이 넓어야 하며 독자를 그 상상 속으로 끌어당겨야 한다. 시의 대문을 한 아낙이 열고 있다. 그 아낙은 '달빛에 젖은 실/ 베틀에 걸어 직조하'고 있다. 아낙은 '연이 끊기지 않게/ 조심조심 사랑의 무늬를 넣'고 있다. 그렇게 '고요와 어둠과 망각과/ 기억의 산실에서 잉태'된다. 여기서 흥미로운 것은 망각과 기억의 산실에서 잉태된다는 것이다. 안 좋은 기억은 잊어버리고 아름다운 기억만 남아있는 기억의 산실에서 잉태된다는 것이다. 임산부가 좋은 것만 보고 좋은 것만 먹으라는 것과 일맥상통하다. 어느 순간 '어둠의 휘장 걷어/ 알 깨고 나오는 산고의 진통'이 시작된다. 진통 끝에 '새벽이 열리면/ 그날은 언제나 시작이고/ 나에게 주어진 소중한 생'이 눈뜬다. 날마다 맞이하는 하루지만 '새로운 날에 소속되어/ 허름하게 짜여진 레일 위를' 달려야 한다. 멈출 수 없기에 '궤도 따라 초속으로 달'려야 한다. 태양은 중천에 떠 있어서 명확히 보이지만 낮달은 흐릿해서 '허름하게 짜여진 레일 위를' 달리고 있는 듯하다. '허름하게 짜여진 레일'이라는 표현이 멋지다. 어느 순간 겨울이 오면 '침묵하는 겨울은 이즈러진 달에 고독을 가두'고 있다. 달이 겨울의 고독 때문에 더 스산하게 느껴진다. 찬바람이 불어 외투 깃을 세우는 한겨울 밤에는 왜 그리도 달은 고독해 보였는지 알 것도 같다. 우리가 만약 어떤 길이 꽃길인지 미리 안다면 그 길만 걸으면 될 텐데 '일어날 일과 일어나지 말아야 할 일 모른 채/ 분별없는 속도에 브레이크 없이 질주'한다. 달의 내력을 말하고 있지만 알 수 없는 우리네 삶의 내력을 말하고 있는 것 같아 움찔하다. 달이 그렇게 질주하는 이유가 있을까. '원시(原始)에 세워진/ 사각의 기둥 무너뜨리려는 듯/ 벼락 총소리에 부딪치고, 깨지고, 넘어지며/ 원(圓)을 질주'하는 것일까. 원시에 세워진 사각의 기둥이 무엇을 상징하는 것인지 명확히 알 수는 없지만 모나고 부정적인 이미지인 것은 분명하다. 그 부정적인 것들이 깨지고 넘어지는 바로 그때 원(圓)을 질주한다. 달은 이제 '스스로 열리고 닫히는 성(星)'이 된다. 그 성을 바라보자 시적 화자는 '성(星)의 투명한 벽 속으로/ 가뭇없이 빨려 들어간'다. 시의 마지막이 판타지 영화처럼 아름답다.

 달빛에 젖은 실, 기억의 산실에서 잉태되어, 허름하게 짜여진 레일 위, 이즈러진 달에 고독을 가두고, 원시(原始)에 세워진 사각의 기둥, 벼락 총소리에 부딪치고, 원(圓)을 질주하는 경주마, 스스로 열리고 닫히는 성, 성의 투명한 벽 속 등의 시어 배치가 눈길을 끈다. 상상의 폭과 상징의 고리가 낯설게 하기를 통해 빛을 발하고 있다. 시적 형상화의 오솔길이 상큼하게 깔려 있어, 독자의 눈길이 즐겁다. 현실에서 만날 수 없는 상상의 세계, 감성의 세계를 싱그럽게 구경할 수 있어서 기쁘다.

가을이 정류장에서
당신을 기다리고 있어요
그녀의 잃어버린 날개를 찾아주세요
당신의 굳게 닫힌 창을 열어주세요

우리는
서로의 빛이 되고
서로의 날개가 되어
사랑의 길 위에
작은 꽃들을 피워내요

함께여야 닿을 수 있는 길
함께여야 부를 수 있는 이름

바람이 향기 입술로
당신의 마음에 지문을 찍어요
달의 심장이 둥근 떨림으로 새벽을 열어요

저 하늘에 무지개를 걸어볼까요
붉은 지느러미 같은 노을을
공작의 깃처럼 펼쳐볼까요

설렘으로 피어난 꽃은

늘 향기로워요
가끔은 두렵기도 하지만

길 위에 길이 있어요
길을 따라가 볼까요
서로의 모자람 채워가는 여정에
외로운 언어들이 흔들리네요

봄의 씨앗을 뿌려야 할까 봐요
봉인된 계절이 열리는 그곳에서

두 사람이 그린
향기로운 무늬가
꽃으로 피어날 테니까요.

— 시 [서로의 무늬] 전문

    이 시에서의 시적 화자는 사랑으로 꽃피어나는 무늬를 탐구하고 있다. 가을이 정류장에서 당신을 기다리고 있다. 집에서 기다리지 않고 정류장에서 기다린다. 적극적으로 다가가고 있는 것이다. 당신이 정류장에서 내리는 그 순간을 학수고대하고 있는 것이다. 왜 기다리는 걸까. '당신의 굳게 닫힌 창을 열어주'라며 '그녀의 잃어버린 날개를 찾아주'라고 말하고 싶어 기다리는 것이다. 목적이 분명하다. 기다림 끝에서 만난 당신과 함께 '서로의 빛이 되고/ 서로의 날개가 되어/ 사랑의 길 위에/ 작은 꽃들을 피워'내고 싶다고 한다. 찬바람이 불고 쓸쓸한 가을이 오면 자꾸만 옆구리가 시린 이유를 알 것도 같다. 가을이 우리의 심장에 속엣말을 흘리며 굳게 닫힌 사랑의 창을 열어라고 재촉하고 있는지도 모른다. 잃어버린 사랑의 날개를 찾으라고 말하고 있는지도 모른다. 그 날개를 찾으라고 가을은 더욱 센치해지고 단풍은 붉게 물드는지도 모른다. '함께여야 닿을 수 있는 길/ 함께여야 부를 수 있는 이름'이 있다. 맞다. 혼자서는 갈 수 없는 길, 혼자서는 아무리 뛰어나도 부를 수 없는 이름이 있다. 그 사랑에 목이 말라 우리는 죽을 때까지 사랑을 찾는다. 사랑이 있으면 '바람이 향기 입술로/ 당신의 마음에 지문을 찍'고 '달의 심장이 둥근 떨림으로 새벽을 열' 수 있다. 아름다운 성숙이며 행복한 조화다. 시적 화자는 당신에게 묻는다. '저 하늘에 무지개를 걸어볼까요/ 붉은 지느러미 같은 노을을/ 공작의 깃처럼 펼쳐볼까요'라며 묻는다. 당신은 무엇을 망설이는가. 잃어버린 날개를 당장 찾아 붉은 지느러미 같은 노을을 공작의 깃처럼 펼쳐야 한다. 사랑을 눈앞에 두고 놓쳐서는 안 된다. '설렘으로 피어난 꽃은/ 늘 향기'롭기에 사랑을 붙잡아야 한다. 하지만 익숙했던 어제의 삶에서 벗어난다는 것은 두려운 일이다. 한번도 가보지 못한 길이었기에, 한번도 부르지 못했던 이름이었기에 두렵다. 시적 화자는 그 두려움을 잠시 밀쳐놓고 '길 위에 길이 있어요/ 길을 따라가 볼까요'라며 당신에게 손을 내민다. 길 위에 길이 있다니 당신은 조금 덜 불안해도 될 것 같다. '서로의 모자람 채워 가는 여정에/ 외로운 언어들이 흔들'리고 따스한 언어들이 들어서고 있다. 당신의 심장과 가까워졌으니 시적 화자는 이런 말을 한다. '봄의 씨앗을 뿌려야 할까 봐요/ 봉인된 계절이 열리는 그곳'에서. 아름답다. 내일이 기다려진다. 내일과 모레와 먼 훗날은 모두 '두 사람이 그린/ 향기로운 무늬가/ 꽃으로 피어날' 것이다.

함께여야 닿을 수 있는 길, 함께여야 부를 수 있는 이름, 달의 심장이 둥근 떨림으로 여는 새벽, 설렘으로 피어난 꽃, 서로의 모자람을 채워 가는 여정, 흔들리는 외로운 언어들, 봉인된 계절이 열리는 그곳에서 뿌린 봄의 씨앗, 꽃으로 피어날 향그러운 무늬 등이 모두 시적 화자가 바라는 이상향의 세계이다. 그 모든 것들이 이뤄진 아름다운 동산, 서로의 무늬가 존중받고 향그럽게 꽃피어나는 세상, 그런 세상이어서 빨리 도래했으면 좋겠다. 자연스러운 시의 흐름, 싱그런 시적 형상화가 맛깔스럽게 전개되어 있다.

한 생이
폭삭 익어가는
가을볕은
늙어가는 일만 남아있는
시월의 방식에 불을 지르고

고행의 발길 산사에 부리면
어제의 이야기와 그제의
추억이 머물던 자리
그 온기 그 흔적 지우려는 듯
붉은 광기 토해내고 있다

후미지고 그늘진 자리마다
낮은 음색의 초(草)향
이끼 낀 바위에 녹여내
온갖 시름 외면하고

애기단풍의 간절함도 외면한 채
굴레의 얽매임 벗어나려
온 산에 번지는 불의 감정

골짜기마다 남겨진 아쉬움이
바람 끝 붙들고
불의 아가미로 들어간다

일탈의 강에 범람하는
저 과감한 맨발의 시위
발바닥에서 정수리까지
붉게 타오르고 있다

피보다 진한 울음으로
불보다 뜨거운 눈물로
불의 가슴에 안겨
빨갛게 사위어간다.

- 시 [꽃불] 전문

이 시에서의 시적 화자는 가을볕과 단풍을 관찰하고 있

다. 가을은 대추와 감과 벼가 익어가는 계절이다. 그렇게 가을볕도 '한 생이/ 폭삭 익어가'고 있다. 재미있는 표현이면서도 어떤 가을의 미련 한 자락이 슬쩍 끼어있다. 그래서일까, 가을볕은 '늙어가는 일만 남아있는/ 시월의 방식에 불을 지르'고 있다. 이대로 폭삭 주저앉을 수는 없다는 듯, 마지막으로 뜨거운 몸부림을 한번 해보겠다는 듯 불을 지르고 있다. 가을볕의 자세가 치열하다. 시적 화자는 고행의 발길을 한 걸음 한 걸음 재촉하며 산사에 도착한다. 그곳에서 붉은 광기를 토해내는 풍경을 만난다. '어제의 이야기와 그제의/ 추억이 머물던 자리/ 그 온기 그 흔적 지우려는 듯'한 붉은 광기의 풍경 앞에서 걸음을 멈춘다. 새로운 이야기를 쓰라고 뜨거운 사랑으로 다시 생의 한 페이지를 장식하라고 가을은 저리도 붉은 광기를 부리고 있는 것일까. 방향 없이 살다가는 늙어가는 일만 남아있으니, 정신 바짝 차리고 삶에 몰입하라고 가을바람 죽비로 등짝을 내리친 것일까. 고개를 들어 후미지고 그늘진 자리를 돌아보니 '낮은 음색의 초(草)향/ 이끼 낀 바위에 녹여내'고 있다. '낮은 음색의 초(草)향'에 상징과 깊은 사색을 담아내고 있어 멋지다. 사실 이끼가 사라지면 그 숲은 죽은 숲이 된다. 이끼의 꽃말은 모성애이다. 중국 춘추전국시대의 명의 '화타'와 관련된 일화가 있다. 말벌의 침에 쏘인 거미가 이끼 위에서 구르기 시작한다. 잠시 후 거미는 다시 거미줄로 올라가 말벌을 공격한다. 이끼는 습하고 그늘진 곳에서 살아가지만 해독 작용이 뛰어나다. 이끼의 습한 기운이 독을 다스리기에 이끼가 죽으면 죽은 산이 된다는 것이다. 화자는 고개를 들어 가을 산을 바라본다. 온통 붉음으로 물들어가고 있다. 그 모습을

'굴레의 얽매임 벗어나려/ 온 산에 번지는 불의 감정'이라고 표현한다. 새로운 해석이다. 정해진 틀을 깨려고, 당연시되는 일상의 굴레를 벗어나려는 붉은 몸부림이 불의 감정이란다. 불은 모든 것을 불태워 틀을 깨버린다. 그러면서도 불은 어떤 새로움을 만들게 하는 단초가 된다. 인간에게 불이 없었다면 문명의 시작은 없었을 것이다. 골짜기마다 불의 아가미로 들어가는 저 행렬들. '피보다 진한 울음으로/ 불보다 뜨거운 눈물로' 과감하게 맨발의 시위를 하며 불의 가슴에 안긴다.

폭삭 익어가는 가을볕, 시월의 방식에 불지르고, 붉은 광기 토해내고, 낮은 음색의 초(草)향, 온 산에 번지는 불의 감정, 일탈의 강에 범람하는 맨발의 시위, 피보다 진한 울음, 불보다 뜨거운 눈물 등의 시어 배치가 멋스럽다. 시적 형상화를 돕는 이런 시어들의 배치가 한결같이 우아하고 싱그럽다. 낯설게 하기의 모범을 보여주는 듯해 시 감상의 재미가 솔솔하다. 사물에 대한 새로운 해석이 빛을 발하고 있다. 이러한 신선함이 시의 특질을 보다 튼실하게 떠받치고 있는 건 아닐까. 시가 시다울 수 있도록 도와주고 있는 사물에 대한 새로운 해석이 탄탄하고 다채로워 보기 좋다.

아침을 여는 햇살은 물살을 오르는 연어의 비늘 같고

빛의 틀을 세우고 숨을 고르는 창문은

하루의 윤곽을 그리는 도화지 같다

순서를 정하고 여백도 잊지 않는 탁자 앞에서

어제의 페이지를 개울물 흘러가듯 도랑도랑 넘기면

오늘의 윤곽은 초롱한 아기 눈처럼 또렷하고

아직 오지 않은 불확실은 밀린 숙제처럼 옆으로 밀어둔다

커피 한 잔에 아침 낯빛이 바뀌고

하루의 흐름은 파란색으로 옷을 바꿔입는다

풀어진 마음 한 번 더 접어 비행기로 날려 보내고

출근을 서두르는 분과 초의 표정들

큰 오차 없이 반복되는 오늘의 패턴

저녁이면 달맞이꽃 한 송이 고개를 들고

붉은색으로 물든 나에게 묻는다

오늘을 저장할까요?

- 시 [오늘의 마음] 전문

이 시에서의 시적 화자는 오늘을 대하는 자신의 마음에 대해 살펴보고 있다. 삶은 아침을 대하는 자세가 어떠하냐에 따라 긍정과 부정으로 나뉘어지고, 성장과 추락으로 구분지어진다. 시적 화자의 아침을 대하는 자세는 발랄하고 진취적이다. '아침을 여는 햇살은 물살을 오르는 연어의 비늘 같'다고 한다. 물살을 거슬러 오르는 연어의 의지처럼 화자의 마음에서 어떤 신념과 강한 의지가 엿보인다. 목표를 향해 나아가겠다는 집념도 느껴진다. 우리는 자신의 신념대로 의지를 불태우며 살아가야 한다. 사는 대로 생각하며 살다 보면 어느 순간 우리는 방향을 잃고 살게 된다. 하지만 연어처럼 물살의 힘을 온몸으로 밀어 올리며 자신의 의지대로 자신의 목표를 향해 나아가다 보면 언젠가는 그 목표를 이루게 된다. 시의 시작부터 힘찬 몸짓이 느껴져서 좋다. 화자는 창문을 이렇게 표현하고 있다. '빛의 틀을 세우고 숨을 고르는 창문은/ 하루의 윤곽을 그리는 도화지 같'다고. 창문으로 들어오는 아침 햇살이 어떤 설렘의 이야기를 품고 있는 듯하다. 창문이 '빛의 틀을 세우고 숨을 고르'다니, 살아 있는 생명체로 창문을 그리고 있다. 이 역시 새로운 해석이다. 시인의 내일이 기대가 된다. 이런 자세로 이런 마음가짐으로 창작을 하면 된다. 화자는 탁자 앞에 앉는다. 그 탁자는 '순서를 정하고 여백도 잊지 않는' 탁자이다. 탁자의 자세가 여유가 있다. 우리가 매일 접하는 탁자가 이런 여유의 자세가 숨어 있는 탁자라는 걸 알았다면 우리도 삶의 여유가 생기지 않았을까. 그 탁자에서 어떤 생각을 한다. '어제의 페이지를 개울물 흘러가듯 도랑도랑 넘기면/ 오늘의 윤곽은 초롱한 아기 눈처럼 또렷'해진다. 어제를 있는 그대로 받아들이겠다는 것을 '개울물 흘러가듯 도랑도랑 넘기면'으로 표현하고 있다. 신선한 표현이다. 물의 흐름이 자연스럽듯 어제의 아픔과 기쁨과 절망을 모두 다 수용하겠다는 자세다. 그렇다면 내일을 대하는 시적 화자의 자세는 어떨까. '아직 오지 않은 불확실은 밀린 숙제처럼 옆으로 밀어둔'다. 알 수 없는 내일 때문에 불안해하지 않겠다는 의미다. 불확실한 내일을 끌어당겨 고민하지 않겠다는 뜻이다. 우리는 지나간 어제를 후회하느라, 다가올 내일의 불안을 걱정하느라 정작 중요한 오늘을 살지 못한다. 오늘의 기쁨, 오늘의 환희, 오늘의 감사를 놓치는 어리석음을 늘 범한다. 하지만 시적 화자는 그렇게 하지 않겠다고 다짐한다. 맞다. 내일의 불안은 옆으로 밀쳐두고 오늘의 감사를 느끼면 된다. 마음을 비우면 '커피 한 잔에 아침 낯빛이 바뀌고／하루의 흐름은 파란색으로 옷을 바꿔입는' 법이다. 마음의 자세가 달라지니 모든 게 새롭게 다가온 것이다. '출근을 서두르는 분과 초의 표정들'은 여전히 바삐 움직일 것이고 '큰 오차 없이 반복되는 오늘의 패턴'이겠지만 오늘을 대하는 자세가 달라지니 다른 향기로 느껴질 것이다. 그렇게 긍정적이면서 여유 있는 자세로 하루를 살다 보면 어느새 붉은색으로 물든 자신을 만나게 된다.

이 시에서 물살을 오르는 연어의 비늘, 빛의 틀을 세우고 숨을 고르는 창문, 어제의 페이지를 개울물 흘러가듯 도랑도랑 넘기면, 불확실은 밀린 숙제처럼 옆으로 밀어둔다, 하루의 흐름은 파란색으로 옷을 바꿔입는다, 출근을 서두르는 분과 초의 표정들 등의 표현이 멋스러움을 자아낸다. 오늘을 대하는 마음을 사색과 관조의 시선으로 새롭게 해석해 내는 솜씨가 세련되어 있다. 하루를 관조하고, 시적 자아를 탐구하고, 이를 이미지로 구현하고, 새로운 각도로 해석해 내는 시적 형상화, 이는 시의 특질로 가는 가장 소중한 디딤돌이 아닐까.

등 뒤에서
내내 따가웠던 햇빛이 있었다
그게 여름인 줄만 알았다

이제야 안다
그건 아버지였다는 것을

논둑에 길게 누운 그림자 하나
늘 나보다 반 발짝 뒤에서
묵묵히 걷고 있었다

손톱 밑에 박힌 진흙 같은 말들
발끝 적시는 이슬방울처럼
쉽게 털리지 않던 말들

이제야 안다
그것이 사랑이었음을

입술 끝까지 차올랐다가
가라앉힌 말

그 말을 벼 끝에 매달아
오늘도 묵묵히
고개 숙인다.

- 시 [돌아보면, 거기] 전문

    이 시에서의 시적 화자는 아버지에 대한 추억을 떠올린다. 돌아보면 거기에 무엇이 있다는 말인가. 돌아보기 전에는 등 뒤에 있는 햇볕이 시적 화자를 따갑게 해 불편했을 것이다. 한여름의 땡볕 때문에 눈살 찌푸렸을 것이다. 시적 화자는 학교를 다니며 농사일을 도왔던 것일까. 공부할 시간도 부족한데 가난한 집안 형편 때문에 어쩔 수 없이 밭으로 논으로 나가야 했던 것일까. 그래서 햇볕이 더욱 따갑게 느껴졌던 것일까. 친구들은 햇볕을 피해 시원한 곳에서 공부하는데 자신은 그렇지 못해서 더 따가웠던 것일까. 따가웠던 햇볕의 이유를 정확히 알 수는 없지만 먼 훗날 어떤 깨달음에 이른다. '이제야 안다/ 그건 아버지였다는 것을' 깨닫는다. 맞다. 아버지는 가난을 버티며 자식들을 뒷바라지하기 위해 땡볕을 등에 지고 논으로 발걸음을 옮겼던 것이다. 돌아보면 아버지는 '논둑에 길게 누운 그림자'처럼 '늘 나보다 반 발짝 뒤에서/ 묵묵히 걷고 있었'다. 그렇게 아버지는 자식들을 보살피고 자식의 비탈을 먼저 끌어안기 위해 묵묵히 가난 속에서 걸었던 것이다. 먼먼 과거의 어느 날 자식에게 다가왔던 아버지의 '손톱 밑에 박힌 진흙 같은 말들/ 발끝 적시는 이슬방울처럼/ 쉽게 털리지 않던 말들'이 모두 사랑이었음을 깨닫는다. 가난을 등에 진 아버지가 어찌 삶이

버겁지 않았을까. 때로는 자식에게 상처 주는 말도 서슴없이 했을 것이다. 하지만 자식이 미워서 그런 말을 하지는 않았을 것이다. 아버지가 처한 가난과 결핍과 궁핍이 버거워 참다가 결국 터져나온 아우성이었을 것이다. 어린 시절에는 아버지가 자식을 미워해서 그런 말을 했을 거라며 상처받아 긴긴 밤을 웅크리며 건넜을 것이다. 하지만 이제는 아버지의 사랑과 가난의 상처를 알기에 그 모든 것이 이해가 된다. 하루하루를 열심히 살아내도 벗어날 수 없는 가난 때문에 아버지는 얼마나 힘들었을까. 시적 화자는 아버지에게 사랑한다고 말하고 싶지만 그 말이 '입술 끝까지 차올랐다가/ 가라앉힌 말'로 주저앉아 버린다. 화자는 '그 말을 벼 끝에 매달아/ 오늘도 묵묵히/ 고개 숙인다' 마지막 문장이 상징과 상상의 폭을 확장시키고 있다. 손톱 밑에 박힌 진흙 같은 말들, 쉽게 털리지 않던 말들이 사랑이었음을 알기에 입술 끝까지 차올랐다가 가라앉힌 말을 벼 끝에 매달아 놓는 것이다. 벼 끝에 매달린 말이 오늘도 묵묵히 고개를 숙이고 있는 것이다. 여기서 시적 화자는 한 층 더 성숙해지고 있다. 아버지의 사랑을 깨달은 후 감사를 넘어 성숙으로 향하고 있다.

등 뒤에서 내내 따가웠던 햇볕, 논둑에 길게 누운 그림자, 반 발짝 뒤에서 묵묵히 걷고 있던 그림자는 아버지였고, 손톱 밑에 박힌 진흙 같은 말, 발끝 적셔 쉽게 털리지 않던 말 등이 눈길을 끈다. 시의 이미지가 그림처럼 곱다. 어쩜 이렇게 감성의 세계를 섬세하게 그려놓을 수 있을까. 감탄을 자아내게 한다. 역시 시는 복잡미묘한 감성의 세계를 그림처럼 그려내는 장르가 아닐까. 감성의 세계가 다채롭게 그려질수록, 시는 더욱 아름다워지는 것 같다.

그 꽃 피우려
당신이 얼마나 깊은 어둠을
품에 안고 있었는지

나는 압니다
말없이 견딘 뿌리의 목마름을
침묵 속에서 끌어올린
한 줄기 물길
그것이 향기가 되기까지
얼마나 오래
마음의 골짜기를 지나왔는지

눈 감고 귀 막고
홀로 서서
당신의 계절을 견디며
작은 씨 하나 품고
밤의 중심까지 내려가
빛도 없이 싹을 틔우던 시간
반딧불처럼
깜빡이며 떠 있던 그 불면의 밤들

그 꽃잎 하나 피우기 위해
시 한 줄

문장 하나에 걸어 넣은 망설임을
굳이 말하지 않아도
압니다

보이지 않는 고통이
가장 순한 향기를 만든다는 것을

알아요
당신이 얼마나 조용히
아름다움을 피워내고 싶었는지를.

- 시 [알아요] 전문

 이 시에서의 시적 화자는 드디어 알아내고 있다. 자신에게 의미 있는 존재가 자신의 아픔과 긴긴 외로움과 일어서려는 안간힘과 불면의 밤을 알아준다면 얼마나 좋을까. 자신의 마음을 아무도 몰라줘서 우리는 답답하고 우울하다. 시적 화자는 '그 꽃 피우려/ 당신이 얼마나 깊은 어둠을/ 품에 안고 있었는지' 안다고 한다. 시 속의 당신은 외롭지 않을 것이다. 이 세상에 내 마음을 알아주는 단 한 명만 있어도 세상은 살 만하다고 한다. 그만큼 자신의 마음을 알아주고 자신을 지지해 주고 자신을 응원해 주는 사람은 드물다는 뜻이다. 화자는 당신이 '말없이 견딘 뿌리의 목마름을' 알고 '침묵 속에서 끌어올린/ 한 줄기 물길/ 그것이 향기가 되기까지/ 얼마나 오래/ 마음의 골짜기를 지나왔는지' 안다고 한다. 그런 말을 우리에게 누군가가 해준다면 마음이 울

컥할 것 같다. 시 속의 당신이 부럽다. 당신은 힘든 시절을 '눈 감고 귀 막고/ 홀로 서서/ 당신의 계절을 견디'었기에 꽃을 피운 것이다. 희망이라는 '작은 씨 하나 품고/ 밤의 중심까지 내려가/ 빛도 없이 싹을 틔우던 시간'을 당신은 건너왔기에 이처럼 아름다운 꽃을 피운 것이다. '반딧불처럼/ 깜빡이며 떠 있던 그 불면의 밤들'을 당신은 버티며 건너왔다. 그런 당신의 몸부림을 알기에 '그 꽃잎 하나 피우기 위해/ 시 한 줄/ 문장 하나에 걸어 넣은 망설임을' 당신이 말하지 않아도 안다. 당신의 눈빛만 보아도 안다. 시 속의 당신은 엄청 위로를 받았을 것이다. 화자는 이런 말을 한다. '보이지 않는 고통이/ 가장 순한 향기를 만든다'고. 심장에 와닿는 명언이다.

꽃 피우려 얼마나 깊은 어둠을 품에 안고 있는지, 말없이 견딘 뿌리의 목마름, 침묵 속에서 끌어올린 한 줄기 물길, 그게 향기가 되기까지 얼마나 오래 마음의 골짜기를 지나왔는지, 밤의 중심에서 싹을 틔우기까지 깜빡이며 떠 있던 그 불면의 밤, 시 한 줄에 걸어 놓은 그 망설임, 보이지 않는 고통이 가장 순한 향기를 만든다는 것을, 얼마나 조용히 아름다움을 피워내고 싶었는지, 드디어 알게 되었다고 고백하고 있다. 이 발견이 얼마나 소중한가. 시인은 이 하나의 발견을 위해 고뇌하는 존재가 아닐까. 무엇이 진리에 더 가까운지, 무엇이 더 순수에 친근한지, 무엇이 감성의 아름다움에 더 익숙한지, 무엇이 감동의 전율에 더 민감한지, 이를 알아내어 독자에게 제공하는 시인이야말로, 멋진 존재가 아닐 수 없다.

이 봄
당신이 건네준 미소는
선물처럼 찬란하고 설레어
괜스레 눈물이 납니다

그리움도 아닌 것이
서러움도 아닌 것이

어느 결의 떨림으로
당신이 내 손을 처음 잡던 날
우리의 사랑이 시작되었지요

당신 따라 걷던 길
비단길은 아니었지만
그 길 위의 바람과
그림자마저 따스했지요

꽃 빛에 취해
아쉬움은 향기처럼 맴돌고
그 향은 슬픔보다 더 고운 미소로
내 마음을 적십니다

눈물처럼 맑아진 마음에
만개한 봄이
숨기지 못한 체온으로 다가오네요

그 내밀한 유혹에
흠씬 젖어 듭니다
보드라운 감촉은
첫 입맞춤처럼 아득하고
혀끝에서 달콤하게 투정을 부립니다

지나간 해에도 그 이전의 해에도
잊지 않고 찾아오는 당신은
나의 수호천사

이제 당신의 가지에 잎을 틔워
떠도는 마음을 쉬게 하고 싶어요
낯선 길 위의 연민을
당신 곁에 놓아두고 싶어요

곧 떠날 걸 알면서도
뽀얀 살빛 모아
또 한 겹의 나이테를 그립니다

오선지에 올리지 못한
모호한 선율
벚꽃 편지지에
고딕체로
또박또박 채워갑니다.

- 시 [봄, 당신이라는 선율] 전문

이 시에서의 시적 화자는 봄과 당신을 하나로 보고 있다. 이 봄은 당신이 건네준 미소다. 춥고 매서운 겨울 끝에서 만난 봄이기에, 그리고 당신이기에 '선물처럼 찬란하고 설레어/ 괜스레 눈물이' 난다. 당신을 만나기까지 시적 화자는 몰아치는 눈보라의 길을 뚫고 여기까지 왔을 것이다. 눈보라의 길 끝에서 봄처럼 화사한 당신을 만났으니 눈물이 나는 것이다. 화자는 당신과의 사랑이 어떻게 시작되었는지 말하고 있다. '어느 결의 떨림으로/ 당신이 내 손을 처음 잡던 날/ 우리의 사랑이 시작'되었다고 한다. 당신은 심장이 쿵쾅거리는 떨림에 이끌려 손을 잡고 그 떨림은 내 심장을 다시 쿵쾅거리게 해 사랑이 시작되었다고 한다. 사랑은 그렇게 봄은 그렇게 시작되었다. 사랑이 있으면 아픔도 이겨내고 버틸 수 있기에 '당신 따라 걷던 길/ 비단길은 아니었지만/ 그 길 위의 바람과/ 그림자마저 따스'하게 느껴진다. '눈물처럼 맑아진 마음에/ 만개한 봄이/ 숨기지 못한 체온으로 다가오'고 있다. 여기서 다시 당신은 봄으로 치환된다. 봄은 따스함과 맑아진 마음을 그대로 안고 숨기지 못한 체온으로 다가온다. 봄을 그리면서도 당신을 동시에 그리고 있다. 당신은 사랑을 끌어안고 숨기지 못한 체온으로 다가오고 있는 것이다. 시적 화자는 이제 '그 내밀한 유혹에/ 흠씬 젖어'든다. '보드라운 감촉은/ 첫 입맞춤처럼 아득하고/ 혀끝에서 달콤하게 투정을 부'리고 있다. 사랑으로 하나 된 모습을, 봄의 환희에 빠져들어가는 모습을 아름답게 그리고 있다. 화자는 다시 봄을 '지나간 해에도 그 이전의 해에도/ 잊지 않고 찾아오는 당신'이라고 말한다. 봄이라는 '당신의 가지에 잎을 틔워/ 떠도는 마음을 쉬게 하고 싶'다고 속엣말을 흘린다. '낯선 길 위의 연민을/ 당신 곁에 놓아두고 싶'다고 속삭인다. 시 속의 당신이 떠나지 않고 화자의 곁을 지켜줬으면 좋겠다. 하지만 봄은 곧 떠나야 한다. '떠날 걸 알면서도/ 뽀얀 살빛 모아/ 또 한 겹의 나이테를 그'리고 있다. 슬프면서도 아름답다. 우리는 언제 저 봄처럼 뜨겁게 사랑한 적이 있었던가. 사랑이 떠난 후 상처받을까 봐 두려워 사랑도 못하고 살고 있지 않았나, 문득 그런 생각이 든다.

 봄에 당신이 건네준 미소, 어느 결의 떨림으로 손 잡던 느낌, 당신 따라 걷던 길 위의 바람과 그림자, 꽃빛에 취해 향기처럼 맴돌던 아쉬움, 슬픔보다 더 고운 미소로 마음 적시던 향, 맑아진 마음에 만개한 봄, 혀끝에서 달콤하게 투정 부리는 감촉, 당신의 가지 위에 잎을 틔워 쉬게 하고픈 마음, 이별을 앞두고 뽀얀 살빛 모아 한 겹의 나이테 그리는 심정, 벚꽃 편지지에 고딕체로 채워 가는 모호한 선율 등으로 표현된 지극한 사랑 고백이 아름답다. 그리고 감동적이다. 숱한 감성 중에서도 가장 우아하고 섬세하고 눈물겨운 감성을 이끌어내는 시어들의 배치가 감동을 안겨주고 있다.

 시는 찰나 예술이자 감성 작품이다. 복잡미묘한 감성들을 섬세하게 포착하여 선명한 이미지로 구현해내고, 보다 새로운 해석을 해놓아, 낯설게 하기 잔치를 베풀어 놓은 문학 장르이다. 그래서 신선할수록 좋다. 사물의 해석이 참신할수록 좋다. 새로운 각도로 사물과 삶과 사색을 해석해내고 표현하여 독자들의 감탄을 자아내게 할수록 좋은 시가 된다. 이왕이면 리듬 위에 정서를 깔고, 감동의 전율을 이끌어 가는 게 좋다. 인생의 의미까지, 삶의 방향까지 잡을 수 있다면, 더욱 행복하다. 보다 치열한 현실인식의 바탕 위에서 가야 할 깃대까지 꽂아 있다면 더 이상 바랄 게 없을 것이다. 김예린 시인의 시들은 이러한 시의 특질을 고루 구비하고 있어, 빛을 발하고 있다. 앞으로도, 좋은 시, 작품성 있는 시, 완성도 높은 시, 감동을 주는 시, 이미지가 살아있는 시, 새로운 해석이 돋보이는 시들을 꾸준히 창작하여, 제3, 제4시집으로 엮어가길 소망해 본다. 부디, 마지막 순간까지 열정을 다해 시 창작의 길을 걸어가길 바란다. 여생 내내 건투를 빈다.

- 푸르름이 더 한층 행복하게 빛나는 초여름에
한실문예창작(12개 문학회) 지도 교수 **박덕은**
(문학박사, 전 전남대학교 교수, 문학평론가, 시인, 동화작가,
소설가, 화가, 대한시문학회 회장, 박덕은 미술관 관장)